W0367198

LE GUIDE DE LA PARFAITE SALOPE

JEAN-CHRISTOPHE FLORENTIN

LE GUIDE DE LA PARFAITE SALOPE

ALBIN MICHEL

DU MÊME AUTEUR

Le Guide de l'emmerdeur
en collaboration avec Thierry Crosson
Editions Filipacchi

50 millions de voleurs
Editions Filipacchi

© SEFAM, 1991
22, rue Huyghens, 75014 Paris

ISBN : 2-226-05286-0.

A :

Geneviève, Mélaine, Lucienne, Alix, Pauline, Paulette, Tatiana, Yvette, Yvonne, Nina, Marcelle, Roseline, Prisca, Mariette, Agnès, Vincente, Bernadette, Françoise, Paule, Angèle, Martine, Ella, Elsa, Vanessa, Blaise, Véronique, Agathe, Gastonne, Eugénie, Jacqueline, Appoline, Armelle, Félicie, Béatrice, Valentine, Claude, Claudine, Claudette, Julie, Julienne, Julia, Alexandra, Isabelle, Juliette, Charlotte, Olivia, Colette, Félicie, Jeanne, Lætitia, Sandrine, Fabienne, Caroline, Vivienne, Rosine, Rose, Roseline, Gwladys, Marilyn, Marie, Maximilienne, Mathilde, Mathilda, Louise, Bénédicte, Patricia, Josette, Clémence, Victoire, Victoria, Larissa, Gwenaëlle, Irène, Marceline, Ida, Benoîte, Etiennette, Emma, Alphonsine, Odette, Georgette, Alida, Zita, Moulinex, Valérie, Raymonde, Roberte, Philippine, Sylvaine, Judith, Prudence, Gisèle, Maria, Solange, Estelle, Denise, Pascale, Pascaline, Sophie, Germaine, Ferdinande, Paméla, Blandine, Clotilde, Gilberte, Diane, Elisée, Léonce, Silvère, Audrey, Fernande, Irénée, Pierrette, Martine, Antoinette, Mariette, Amandine, Olivia, Daisy, Frédérique, Marina, Brigitte, Christine, Laurence, Laurence, Anne, Nathalie, Marthe, Lydie, Dominique, Claire, Clarisse, Armelle, Hyacinthe, Hélène, Rose, Louise, Natacha, Monique, Augustine, Sabine, Ingrid, Rosalie, Raïssa, Régine, Inès, Rolande, Edith, Nadège, Emilie, Mauricette, Wenceslas, Michèle, Jéromine, Lambada, Mercédes, Lancia, Thérèse, Pélagie, Denise, Ghislaine, Edwige, Lucette, Renée, Adeline, Céline, Salomé, Jeanine, Emeline, Simone, Narcisse, Huberte, Berthe, Sylvie, Bertille, Karine, Léone, Christiane, Sidonie, Albertine, Alberte, Négrita, Marguerite, Elisabeth, Aude, Cécile, Flora, Catherine, Delphine, Séverine, Carole, Andrée, Florence, Barbara, Géraldine, Laure, Nicole, Madeleine, Danielle, Frédégonde, Lucie, Odile, Manon, Béatrice, Ninon, Alice, Judicaël, Armande, Muriel, Adélaïde, Adèle, Isabelle, Emmanuelle, Emerence, Joëlle, Micheline, France, Chantal, Ginette, Corinne, Raphaëlle, Anne, Lisa, Stéphanie, Magali, Patricia et toutes les autres, sans lesquelles ce pamphlet miroir n'aurait pu exister.

« Les livres que le monde appelle immoraux sont ceux qui lui montrent sa propre ignominie. »

Oscar Wilde
in « Le Portrait de Dorian Gray »

INTRODUCTION

> « Quelque mal qu'un homme puisse penser des femmes, il n'y a pas de femme qui n'en pense encore plus mal que lui. »
>
> Chamfort

Introduction (ou plutôt Avant-propos, étant donné le thème général de l'œuvre et la volonté de ne point démarrer un tel ouvrage de référence pour les générations futures par quelques allusions graveleuses, bien que San Antonio ne s'en prive point, faisant succéder ce mot empreint des pires connotations sexuelles telles que celles pratiquées aux alentours de Mourmelon les jours de perm', faisant suivre ce mot, donc, par « en douceur ».)

« Femmes, je vous ai-aime, femmes, je vous ai-ai-aimeu... » bêlait inlassablement — bien qu'avec une conviction des plus relatives — pour le plus grand bonheur de son compte en banque et le malheur de certains de ses contemporains, mammifères ruminants à cornes obliques compris, ce chevelu chanteur populaire aussi démagogue que capillairement fourni qui sévissait à la fin du XXe siècle. Tristes décennies qui virent triompher les fausses valeurs. Prenons le domaine artistique et souvenons-nous : Alors était considéré comme génie celui qui réussissait à fourguer à quelques gogos forcément et sublimement amateurs d'art (?) le plus hétéroclite des bazars à rendre blême de regrets l'éboueur moyen quand le malheureux s'évertuait à convertir en milliards les immondices quotidiennement manipulées sans savoir ce qu'il faisait. Plus c'était laid, dégueulasse et de mauvais goût, plus dithyrambique était la critique (et la cote de l'individu pouvant facilement reléguer Michel-Ange au rang de ces misérables artistes irlandais qui égayaient quelque peu les quatre murs gris de leurs cellules des quartiers de haute surveillance du pénitencier de Belfast d'originales toiles abstraites réalisées à partir de matière aussi fécale que concrète. Mais nous nous égarons...)

En ces temps barbares, donc, on pouvait facilement repérer la diva reconnue par le microcosme (en fait quelques crétins sûrs de leur bon goût de la même façon que leurs ancêtres soutenaient aux foules abruties, ici, que la terre était plate, là — en 1938 —, qu'en dehors de l'art figuratif germain n'existait point de salut, ou encore d'autres aberrations du style de celles proférées par ce célèbre poète communiste qui beuglait entre deux beuveries aux relents de vodka, et à qui voulait bien l'entendre, que « Hips, la femme est, re-hips l'avenir de l'homme... Youkaïdi-youkaïda... » avant d'aller vomir sa haine de la société de consommation petite-bourgeoise conformiste) au persistant accent soigneusement entretenu attestant de son inattaquable condition de réfugié d'Europe de l'Est ou d'Amérique latine, aussi maudit qu'incompris dans sa propre patrie livrée à d'infâmes dictateurs hostiles à l'art libre tel que celui pratiqué en France, patrie du bon goût, de Marguerite Duras et des démocratiques boissons à bulles alcoolisées qui confèrent à l'artiste, en plus de son aura de génie incompris, une persistante odeur d'alcoolique notoire. Ajoutez à cela un discours (volontairement ?) incompréhensible fait de mots ronflants et prétentieux assemblés au mépris des plus élémentaires notions de syntaxe et de sémantique. Plus les propos éructés étaient abrutis et prétentieux, plus on s'extasiait sur le supposé « génie écorché vif qui hurle son désespoir à grands jets de pinceaux symbolisant pêle-mêle la vie, la mort et les boudins noirs de Petrosiwirsk... »

Pour clore le tableau, l'entité arborait généralement une tenue vestimentaire empruntée au clochard du coin et vous comprendrez aisément pourquoi les critiques d'art s'entichaient volontiers de pareils olibrius qui fleuraient bon « l'authentique » ! Tristes sires ! Qui se ressemble...

Le passant avide de culture et de boissons aussi gazeuses qu'alcoolisées pouvait en ces temps immémoriaux facilement identifier un vernissage aux renards (flaques de vomi) qui garnissaient les trottoirs de ces artères dévouées au culte de la beauté. Quelques valeureux esthètes sûrs de leur bon goût autant que de leur bon droit tentaient vainement, à la risée générale, de résister à l'imposteur d'autant plus envahissant qu'illégitime. Les pauvres...

« Plus la femme a d'importance et de pouvoir dans

une civilisation, plus la décadence est grande » disait à la fin du siècle dernier Joséphin Péladan. Gloire à lui d'avoir osé combattre l'hydre immonde qui nous envahit encore et toujours plus. Quel chanteur populaire et chevelu osera le premier relever la tête pour entonner cet inoubliable refrain : « Femmes, je vous hais, femmes, je vous hais, tralalalalère... » ? (Chose d'autant plus facile que la corporation des chanteurs chevelus compte une nette majorité d'individus qui ne devraient pas forcément avoir besoin de se forcer pour déclamer pareils mots, pourtant si vrais, si authentiques...)

Bienheureux les travestis, le royaume des cieux et de ce qui reste placé en dessous leur appartient.

Trop, c'en est devenu trop. De l'air, on étouffe. Prions, mes frères, pour que cette fin de siècle et de millénaire puisse assister au salvateur avènement de la pérennité masculine sur l'émasculant envahisseur juponné. Ayons le courage, à une époque où de guerre lasse les derniers hommes que comptait cette planète finissent par baisser leur culotte devant l'illégitime, de remettre les pendules à l'heure de Cro-Magnon quand monsieur traînait madame par ses cheveux sales et gras après l'avoir amoureusement et sauvagement assommée à coups de gourdin noueux (avec des nœuds).

Un siècle après les géniaux dandies et justes décadents comme on les appelait alors, (maintenant on les étudie à l'école, mais la maîtresse ne comprend pas toujours ce qu'elle explique, comme le souhaitait leur inventeur Jules Ferry pour lequel le sens de leur titre devait rester davantage attaché à une situation physique qu'à une fonction intellectuelle, un précurseur) de Jules à Oscar en passant par Charles et les autres, — Barbey d'Aurevilly, Wilde et Baudelaire — osons proclamer notre misogynie, remettons cette vertu au bon goût du jour, réaffirmons la virile légitimité et la supériorité (avant tout, Adam fut bien conçu quelque temps avant la dame ?) : l'homme est l'avenir de lui-même (les événements ont récemment et irréfutablement prouvé que les communistes ne faisaient pas que des conneries, ils en disaient aussi pas mal, principalement lorsqu'elle étaient émises par des intellectuels comme Aragon ou Georges Marchais). La boucle est maintenant, bien que provisoirement, bouclée.

Et la femme dans tout ça ? ELLE N'EST QU'UNE SALOPE USURPATRICE JALOUSE ET AIGRIE.

Souvenez-vous encore de la fable de cet alcoolique, bien que non communiste et non artiste réfugié des pays de l'Est ou d'Amérique latine, que fut Jean de la Fontaine, intitulée « Le Bœuf et la Grenouille ». Quand on tient à vouloir singer ce qu'on ne peut pas être, on explose, telle en est la morale. Alors aujourd'hui, préparons-nous à assister au plus beau feu d'artifice qu'il nous ait été donné de connaître.

Mais attention et ne perdons jamais de vue cet avertissement : le présent ouvrage n'étant pas un manifeste gay, que nul ne voie dans les propos suivants vengeance mâtinée d'aigreur mal contenue, mais objective volonté anthropologico-sociologique de stopper net la confusion présente pour entamer les années 2000 sur des bases aussi saines qu'indiscutables : la femme à la vaisselle et que les gays me laissent tranquille !

Il reste d'ailleurs remarquable de constater combien chaque fin de siècle génère la résurgence de tels mouvements de pensée, comme une réponse définitive aux maux engrangés durant les années passées, comme un exorcisme païen et laïc, pour mieux amorcer une renaissance. On efface tout et on recommence, en souhaitant que cette fois soit la bonne.

Certains esprits (Je devrais plutôt dire certaines, mais l'esprit, ce n'est pas de ma faute, ne se conjugue qu'au masculin. Désolé mesdames, mais pour vous consoler, sachez qu'on dit LA vaisselle.) chagrins verront dans ce violent réquisitoire aussi juste qu'élégant un creuset de mauvaise foi, un florilège de lieux communs placés sous le signe de la misogynie la plus bête tels qu'on n'ose plus en éructer qu'au comptoir du « Rendez-vous des routiers » après que le seuil du cinquième gramme dans le sang fut atteint par ces fiers et virils guerriers du bitume, heureusement assis pour conduire leur quarante tonnes. Nenni. Seule la vérité blesse et qu'on ne voie dans les suivants propos qu'une louable et généreuse volonté de clouer définitivement le bec de ces pipelettes pompeuses d'ozone.

« Dévoratrice absurde, ignoble et solennelle
Qui sucez notre vie et videz nos cerveaux. »

Que Jean Moréas avait raison ! La guerre est déclarée. Nous ne pouvons plus faire marche arrière, au grand dam(e) de nos amis gays. Il fallait déterrer la hache avant qu'elles ne le fassent les premières pour nous achever avec. De cette guerre, il en va de notre survie et de notre fierté. Survie parce que, jusqu'à preuve du contraire, nous ne sommes pas des escargots et reproduire l'espèce implique qu'une certaine gymnastique s'effectue entre un homme et une femme. Or, dans le contexte actuel, force est de constater que de moins en moins d'hommes se sentent attirés par vous, chères castratrices. Grâce à votre attitude intransigeante, vous avez fait en sorte que ces brebis préfèrent s'égarer au fond de quelques back-rooms d'établissements aussi inutiles à la société que sordides. Vous pouvez être fières de vous...

Il en va aussi de notre fierté parce qu'on ne peut demeurer ainsi éternellement la queue basse, prisonniers du terrorisme diffus et néanmoins permanent, omniprésent dans chaque acte ou situation de notre vie quotidienne, empoisonnant et suffocant, tel que vous avez voulu l'instaurer grâce à la complicité passive ou à la lâcheté amusée de nos aînés, pour enraciner votre mal, au détriment du mâle. Assez, basta, that's enough, encora bellissima, Ave Caesar, moritari te salutant...

J'espère modestement que ce manifeste constituera le texte le plus important depuis la Déclaration des droits de l'homme et du citoyen d'un certain 26 août 89.

Sauver l'homme, tel est mon vœu. Alors mon passage sur terre, à l'instar de celui du Christ, aura servi à quelque chose.

Ainsi soit-Il !!!

> La femme a faim et elle veut manger.
> Soif, et elle veut boire.
> Elle est en rut et elle veut être foutue.
> Le beau mérite !
> La femme est naturelle, c'est-à-dire abominable.

Aussi est-elle toujours vulgaire, c'est-à-dire le contraire du dandy [1]. »

Charles Baudelaire

Maintenant, nous pouvons commencer le jeu de massacre. Tirons sur toute ce qui bouge !

1. C'est-à-dire de l'élégance vestimentaire et intellectuelle, du courage, de l'esprit critique, du style et de cette incessante volonté de préserver son indépendance d'esprit pour ne point se fondre dans la masse bêlante et transparente, afin que son passage sur terre soit une œuvre d'art parfaite et aboutie.

Le dandy est singulier, c'est-à-dire le contraire du vulgaire, il privilégie la qualité à la quantité.

1
L'étendue du mal

« L'Eternel féminin rend l'homme semblable à un crétin. »

Salvador Dali

Les plus éminents zoologues sont catégoriques : la femelle occupe toujours et continuellement les pensées, quand il ne s'agit pas de l'appartement acheté à crédit, du mâle. Là, elle profite de sa naïve bienveillance pour mieux l'étouffer, tel le cobra, avant de lui injecter son immonde venin. Ce processus peut être plus ou moins long, plus ou moins douloureux : il reste inexorable. Parce qu'ainsi est faite la nature féminine. Si cet abruti inculte, incontinent et chroniquement enrhumé, de M. Jourdain faisait de la prose et dans sa culotte sans le savoir, Mme Jourdain, comme ses congénères, était à son insu douée d'une nature de scorpion bien que n'en possédant pas la queue (le prolongement de l'épine [1] dorsale).

Hélas, nous sommes — excepté une poignée de bienheureux moines trappistes isolés en de vertigi-

1. A l'intention des typographes : j'ai bien écrit « l'épine ».

neux sommets pour rester à l'écart de ces mamelus suppôts de Satan allergiques à l'altitude : la femme ne sait pas prendre de hauteur — contraints de vivre en apparente harmonie avec nos irréductibles ennemies. C'est la vie, comme proclame cet hydrocéphale couturier qui n'a rien trouvé de mieux que de s'enrichir en flattant les plus bas instincts de ces chiennes qui veulent toujours avoir un plus beau (et onéreux) collier parfumé antipuces que celui de leur pseudo-amie de la niche d'en face. Minable traître. Collabo. Comme à Vichy ! Mais je m'emporte...

Pour mesurer l'étendue des dégâts, causés par quarante bonnes années de démission masculine qui ont largement ouvert la voie au féminisme militant et émasculant tel que nous le subissons aujourd'hui, il nous suffit simplement d'observer évoluer nos contemporains (Bien que nos contemporaines aient sans doute davantage besoin de suivre une quelconque évolution, mais n'anticipons point.) dans leur milieu naturel et quotidien.

Pour nous mettre de bonne humeur, commençons par effectuer la lecture des journaux du matin : « un homme emprisonné pour avoir " violé " sa femme » !!! sur cinq colonnes à la une. Le goût du café matinal se distingue déjà par son amertume inhabituelle. Evidemment, nos tristes amis vivant en couple connaissent le calvaire de la salle de bains monopolisée par les soi-disant ablutions de la dame qui se scrute minutieusement (plutôt heure-eusement) dans le miroir au-dessus du lavabo. « Suis-je toujours la plus belle ? » Et l'infortuné miroir de répondre toujours les mêmes salades hypocrites pour avoir la paix alors qu'il n'a sans doute qu'une envie, hurler à cette tête de momie : « casse-toi tu pues et marche à l'ombre. » Dure condition que celle des miroirs. Et que l'homosapiens bêtement planté devant la porte ne s'avise pas de formuler la moindre réflexion ou le moindre signe de légitime impatience : ce serait la crise de nerfs renforcée par un torrent d'insultes elles-mêmes agrémentées de pourtant optimistes promesses hélas rarement tenues : « Pisque c'est comme ça, je retourne chez ma mère, et ragnani, et ragnagna... » Comment dans ces conditions ne pas éprouver une certaine sympathie pour l'étrangleur de Londres et son camarade bourreau à Châlon ? Remarquons, au cas où l'ordre de passage en salle de bains s'en retrouvait miraculeusement inversé, que le résultat final en demeurerait identique : crise de nerfs, émission de décibels, grossièretés rituelles, prise de tête pour finir avec prise de valises, direction cocon maternel. Peu importe le prétexte à cette dernière et injuste irruption (reléguant ce qui arriva ce vendredi 13 à Pompéi au rang du misérable déplacement d'air émis par Waldeck-Rochet soufflant les quatre-vingt-sept bougies que comptait son dernier gâteau d'anniversaire, enfermé dans son seyant poumon d'acier) : microscopique poil de barbe (au singulier) oublié sur le lavabo, déplacement intempestif de pots de crème de perlimpinpin sur l'étagère dont la superficie reste totalement monopolisée par les pots, tubes, flacons et autres cosmétiques, aussi inutiles qu'encombrants. Alors vient à l'esprit du mâle ainsi humilié ce proverbe arabe plein de bon sens : « Bats ta femme tous les matins. Si tu ne sais pas pourquoi, elle le saura. »

La journée de notre infortuné ami que nous appellerons M. Turenge ne fait pourtant que commencer. Retrouvons notre victime au volant de sa voiture sur le tableau de bord de laquelle il mit, le masochiste, une photo de son bourreau actuellement en train de se prélasser en papotant pendant des heures au téléphone avec son amie Josiane en se limant les ongles, à moins qu'elle ne soit en train de se faire sauvagement limer par son amant José aux ongles longs et sales. Et M. Turenge de sentir les cornes lui pousser entre les oreilles alors qu'il écoutait sa radio préférée, celle pour ceux qui ont justement quelque chose entre les oreilles. « Manifestement la radio la plus écoutée du moment », se surprend à penser pendant qu'une conductrice écervelée (pléonasme !) lui fait une splendide queue de poisson. « J'ai encore eu chaud », se dit-il tandis que le bruit sourd d'un bloc de tôles lancé à tombeau ouvert contre un mur lui indique que madame ne lui fera plus de queue de poisson, du moins avec ce véhicule.

« Femme au volant, la mort au tournant », se dit-il tout en pensant qu'il ferait mieux de penser un peu moins. Le temps de garer son véhicule (un veau acheté en fonction des goûts de madame qui trouvait l'aménagement intérieur de la boîte à gants et la glace du pare-soleil épatants au détriment de la super GT Turbo à la décoration certes plus spartiate), le voilà arrivant à son bureau. Quelle n'est pas sa surprise, en passant devant la porte de ce bon vieux Barnabé, trente ans de maison, d'entendre la plainte aride et déchirante du cadre vieillissant sur le chemin de la quartmondisation : « Tu te souviens de Gertrude, la petite arrivée l'année dernière pour être mon assistante ? (sanglot difficilement contenu) Ben figure-toi que la petite, elle vient de me dégommer pour prendre ma place. Cette salope intriguait depuis le début pour en arriver là ! ». (Irruption incontrôlée de larmes dans un déluge niagarien, simultanée avec celle de Gertrude dans le bureau pour signifier à son bienfaiteur qu'il lui reste exactement cinquante minutes pour ranger ses affaires dans le carton prévu à cet effet, délai passé lequel elle se réserve le droit de tout balancer par la fenêtre (sic).

D'une humeur encore altière, bien que légèrement entachée par le doute, Turenge salue d'un clin d'œil complice Brigitta, la nouvelle directrice du personnel qui prit la place de ce bon vieux Michegru. (Quarante ans de baraque, une brillante trajectoire sans faux pas jusqu'au jour où le malheureux fut contraint de démissionner après que Brigitta l'eut menacé de raconter par le menu détaillé à sa femme et à ses enfants les cochonneries auxquelles ils se livraient régulièrement, compte tenu de l'insatiabilité de la dame, réputée dans toute la boîte pour son tempérament volcanique.) Aujourd'hui, Brigitta arbore une minijupe absolument ravissante rehaussée d'un chemisier transparent largement échancré ne laissant rien deviner de la nature de ses formes aussi rebondies qu'appétissantes de jeune blonde scandinave. Ce clin d'œil était de trop pour Brigitta qui aussitôt, tel un exocet amazone, se met à courir dans les couloirs en hurlant au satyre pour aller en quelques millisecondes, après avoir ameuté l'ensemble du personnel, se réfugier dans le bureau du grand patron afin de mettre sa démission en jeu s'il s'évertuait à conserver un maniaque sexuel dans les rangs de son entreprise. Maintenir un tel bipède, argumentera Brigitta avec sa bonne foi coutumière, constituerait une menace permanente, laquelle, à terme, menacerait de faire vertigineusement chuter la productivité du fait de la méfiance du personnel féminin plus occupé à échafauder des stratagèmes anti-harcèlement sexuel que des plans de conquête de nouveaux marchés.

Et Turenge de se retrouver manu militari remercié de cette entreprise de lingeries coquines. D'une nature optimiste, notre roi d'un jour décide de ne point se laisser abattre par de telles mesquineries et descend reprendre sa voiture. Un bonheur arrivant rarement seul, Turenge réagit à peine en voyant cette inqualifiable créature salopoïdale vêtue d'un bleu uniforme griffonner avec application, en tirant la langue tel le trisomique de base, un vert carnet à souche, indiquant clairement que l'époque des prunes était arrivée. Turenge s'interroge : pourquoi nos fins stratèges de la préfecture de police ont-ils instauré de tels escadrons de pervenches, en répression des supposées fautes commises par les automobilistes ? La réponse est pourtant claire : seules des femmes pouvaient accomplir d'aussi basses œuvres sans que leur sale besogne puisse être entachée de quelconques états d'âme. L'homme est bon comme proclamait le Christ. La femme est donc mauvaise. CQFD. Parole d'évangile. Il est d'ailleurs remarquable que la seule représentante du sexe faible que les textes sacrés mettent en scène soit Marie-Madeleine. Rappelons pour nos amis agnostiques, bouddhistes, musulmans, moonistes ou cons que Marie-Madeleine était une prostituée de bas étage qui exerçait ses talents bucco-génitaux dans les faubourgs mal fréquentés de Jérusalem.

Ivre de colère, Turenge rentre chez lui, s'approche

de sa petite dernière pour l'embrasser avant que celle-ci le repousse avec une violence qui jusqu'à présent restait plutôt l'apanage de Rambo au restaurant chinois : « Pousse-ta, t'es pas ma moman, na ! Arheu, agheu rôôô blurp... » Femme on naît, femme on reste...

Avec la ferme intention de se changer quelque peu les idées, et après s'être fait copieusement remonter les bretelles par son épouse (alors que dans sa triste situation, il aurait sans doute préféré qu'elle les lui descende, prouvant du même fait son utilité domestique) pour avoir oublié de chausser les patins sur son beau parquet amoureusement ciré tout l'après-midi (alors que l'infortuné Turenge aurait sans doute préféré lui en rouler de monstrueux, illustrant parfaitement dans cette hypothèse le sens de l'expression « repos du guerrier » comme dit Rambo en culbutant la cuisinière viet). Pour se changer les idées, donc, Turenge allume la télévision du salon. Aucun programme n'avait prévu de film d'horreur à cette heure-ci : mais imaginez cette pulpeuse journaliste énervante qui se fait un malin plaisir, ici, de maltraiter un infortuné individu qui eut l'outrecuidance de naître mâle, là, de surenchérir aux délires hystérico-maniaco-dépressifs de cette ardante militante MLF, approximatif fossile (débris organique pétrifié, selon saint Larousse) et réelle mal baisée. Et ces dames de se féliciter que dans ses pires moments d'absence le général de Gaulle ait abandonné le droit de vote à ces plébisciteuses de dictateurs, tout juste capables d'enfourner leur bulletin de vote dans l'urne, non pas en fonction du programme politique de celui qui est leur élu mais plutôt en fonction de sa capacité à porter de beaux costumes avec cravate assortie. Il est vrai que le chancelier Hitler portait beau…

L'estomac noué, dans un état proche de l'apoplexie, Turenge jette l'éponge pour, horreur, sombrer entre les battoirs de Morphée. Il essaya bien avant de fermer l'œil d'interpeller son épouse au niveau du cul, mais la seule réponse à laquelle il eut droit entre deux pages du dernier Marguerite Duras fut : « Non, pas ce soir, j'ai mal à la tête. Au fait, tu pourrais me passer 800 francs pour le coiffeur ? »

Turenge rêva d'un paradis dans lequel il serait assis entre Dieu le PERE, le FILS et LE Saint-ESPRIT…

« Il faut choisir d'aimer les femmes ou
de les connaître, il n'y a pas de milieu. »

Chamfort

2
Le glossaire

« Toutes des salopes ! »
Guy Bedos

Avant tout, il semble utile à ce point de notre cheminement vers les ténèbres de définir certains noms ou termes qui reviendront fréquemment. Parler le même langage permet de gagner un temps précieux. Tentez donc de lire sans son glossaire en seize exemplaires les œuvres de jeunesse de Marguerite Duras (situées selon les historiens géronto-zoophiles entre le retour de l'île d'Elbe et la guerre de 70. Gloire au carbone 14 !). D'où le caractère indispensable des suivantes définitions dont la finalité est d'offrir au lecteur profane le trousseau d'instruments métalliques pour actionner une serrure — car il s'agit d'un ouvrage à clé — qui lui permettra de pénétrer dans cet enfer dont les gardiennes se nomment Luciféra, Marguerite et Satana, aussi belles et putes (jeu de mot éculé !) l'une que les autres, ce qui pourrait *a priori* sembler normal dans la mesure où Satan l'habite. Ainsi, ami lecteur, compagnon d'infortune, frère de misère, lis attentivement le présent glossaire : ainsi auras-tu les capacités de reconnaître une vraie salope d'une vulgaire assimilée (bien qu'à de très rares exceptions près comme ma mère, une sainte femme, et sans doute la tienne, toutes appartiennent à ce club aussi ouvert que maudit).

Cet immense cri de haine, comme mes éditeurs adorés ne devraient pas manquer de le signaler sur la jaquette enrobant le présent chef-d'œuvre par l'apposition de la ci-dessus nommée définition en lettres aussi grasses que blanches sur fond rouge ; cet immense cri de haine donc, pavé dans la mare aux idées reçues, original et élégant catalogue d'amabilités à débiter dans l'intention de briller intelligemment lors des dîners en ville, au détriment de la maîtresse de maison plus attentive à la cuisson de sa tête de veau farcie qu'à l'évocation de sa tête de limace encéphalopathique ; cet immense cri de haine, donc encore, implique son glossaire. Certes, moult mots, expressions ou noms mériteraient d'y figurer et manquent cruellement. Certes. Le choix fut difficile, draconien, sûrement injuste et parfois déchirant. Guidé par un élémentaire manque de place, et en plein accord avec mes éditeurs chéris, décidai-je de limiter le nombre total de définitions. Les principales y figurent. Les principaux thèmes sont abordés. L'étendue totale de la problématique du présent ouvrage devrait donc être ici et maintenant balayée. Alors, si vous le voulez bien, et pour paraphraser le cri de Rambo (philosophe et penseur contemporain) pénétrant dans un lupanar de Kompong-Thom tous poignards dehors : « Et maintenant, entrons dans le vif du sujet ! »

Allumeuse : son homologue masculin exerce son art auprès des réverbères tandis que l'allumeuse l'expérimente à l'endroit des mâles (y compris les vrais Berbères). Spécimen de salope intégrale dans la mesure où l'allumeuse, comme son titre le laisse supposer, profite de son physique généralement attirant pour enflammer sa victime qui finira par s'autoconsumer, la créature étant partie exercer ses charmes auprès d'autres victimes à presser. Les rescapés de cette peste se distinguent par une certaine hypertrophie du bras droit, une surdité précoce et une haine farouche de ce qu'il reste convenu de nommer le beau sexe (voir Macho).

Antoinette (Marie, de Bourbon) : Salope couronnée à Reims. Ces dernières paroles de souveraine ne l'honorent que peu : « Ach so, Fiens Loulou, on ze kaze schneill gez mes barents en Bruze pour échaber à zes kons de vranzais » et le gros Louis qui était aussi faible qu'excellent homme de royaume de répondre entre deux ouvrages de serrurerie : « Jawol mein herr, gross malheur la bière... » Bilan de ce triste dialogue : une révolution, quelques holocaustes bien répartis, notamment en région vendéenne, et deux orphelines. Les salopes, comme ma cousine, peuvent être Germaines.

Arc (Jeanne d') : Héroïque guerrière Domrémoise qui dissimulait son physique ingrat derrière une lourde armure intégrale. Tant de commisération envers ses contemporains contribuera plus tard à sa béatification. Elle chassa les Anglais d'Orléans en ôtant la susmentionnée carapace métallique pour aller uriner contre un arbre. On comprend ainsi mieux pourquoi elle demeura pucelle et si l'onanisme rendait sourd, il n'empêchait pas d'entendre des voix.

Jeanne avait constamment le feu où je pense. Ce défaut la perdra, au plus grand bonheur des Anglais qui entre-temps étaient revenus expérimenter quelques recettes de gigot grillé à la menthe sur notre beau sol de France. (Prouvant du même fait l'inefficacité de la donzelle.)

Encore plus tard, cette grande dame deviendra le fer de lance d'une idéologie prônant l'intolérance et le sectarisme. Pas de doute, qu'il n'en déplaise à ceux qui douteraient encore du sexe d'origine de Jeanne : madame d'Arc était bien femme.

Beauharnais (Impératrice Joséphine de) : Salope hégémoniaque aux tendances mégalomaniaques certaines qui manipulait son pauvre insulaire de mari, par ailleurs de petite taille et au foie malade. On lui doit l'organisation occulte de quelques-uns des plus beaux massacres militaires perpétrés durant le second millénaire. On ne compte plus les armées décimées pour le bon plaisir de Madame qui se vautrait dans le luxe tandis qu'un sang impur abreuvait nos sillons, patapon. La salope peut être aussi sournoise que Martiniquaise.

Blondasse : spécimen de salope assez répandu dans nos contrées en compagnie de ses consœurs pétasses et radasses. La blondasse se distingue par son extraordinaire aisance à éructer le maximum de lieux communs en un minimum de phrases. Elle se déniche particulièrement dans les salons de coiffure où elle distille avec un art de la dialectique que n'aurait point renié le grand Georges Marchais en personne un discours mêlant pêle-mêle quelques notions de base relatives à la prospective météorologique, d'amères remarques histoire d'assassiner en règle une de ses connaissances, quelques propos vitriolés sur les contre-performances amoureuses de quelques garçons-coiffeurs et autres abominations aptes à reléguer le « Café du Commerce » et son célèbre pilier au rang de la coupole de l'Académie un jour de séance où Michel Droit serait parti à la chasse.

Remarquons que la « capilosité » de la blondasse n'est pas nécessairement de couleur or. Au contraire, notre sotte amie se recrute particulièrement dans la population des fausses blondes, mais des vraies connes.

Bonner (Elena) : C'est en l'observant que Sakharov inventa la bombe atomique. Poussé à bout, l'homme intègre fait n'importe quoi. Et cette salope de la ramener, hautaine, à tout bout de champ alors que nous ne lui demandons rien, sinon de se taire. Bonner : de l'air !

Bonnie & Clyde : Pas de doute : Clyde s'est laissé entraîner par les basses pulsions de Mlle Bonnie. On a vu où ça les a menés. Toujours se méfier des salopes armées de Smith et Wesson.

Boomerang : « Les femmes, c'est comme un boomerang : plus tu les jettes fort, plus vite elles te reviennent dans la figure ! » Tejy, philosophe, professeur de gymnastique et ardant militant à notre cause.

Borgia (Lucrèce) : Créature des années 1490 qui avait pour loisir d'empoisonner au propre comme au figuré l'existence de ses proches, à condition qu'ils fussent de sexe masculin. Pour se faire remarquer de nos jours, sans doute aurait-elle commis quelques infanticides en Vologne…

Braun (Eva) : Salope aux tendances mégalomaniaques certaines qui manipula tant et si bien son chancelier de mari qu'il se suicida le lendemain des noces.

Bridou (Justine) : Dite la peste porcine. Eminence grise et mauvais génie de son mari. Plusieurs millions de gorets lui doivent d'être passés ad patres à grands coups de bâtons de son berger d'époux, aussi faible moralement que sa femme le demeure physiquement.

Carabosse (Vanessa, mauvaise fée de l'enfer) : Célèbre et immonde sorcière, vieille, putride, dégageant de fortes odeurs de bave de crapaud, moche, édentée, paresseuse, jalouse et méchante. Cette définition qui pourrait s'appliquer à nos concierges est celle de V. Carabosse, créature nantie de dons surnaturels qu'elle mit au service de Satan, œuvrant pour le malheur de l'humanité. Ses semblables étaient, sous la très haute inquisition, justement torturées. Elles prolifèrent aujourd'hui dans toutes les couches de la société. Hier, elles mitonnaient des élixirs à base de bave de crapaud, de sueur de mouche, de sang de vipère et d'ongles de hyène. Elles font aujourd'hui dégeler le Vivagel au micro-ondes.

Réhabilitons les bûchers et tirons sur toutes celles qui se déplacent un balai entre les jambes.

Ceausescu (Elena) : Salope contemporaine des pays de l'Est aux tendances mégalomaniaques certaines. Elle manipulait son pauvre mari au faible caractère. Résultats : un peuple à moitié génocidé et deux orphelins.

Les salopes peuvent aussi (et aucunement je ne souhaite signifier surtout) être communistes.

Cheval : « Les femmes, c'est comme les chevaux : il faut tout de suite leur montrer qui est le maître quand tu leur grimpes dessus ! » Tejy, philosophe, moralisateur, toujours professeur de gymnastique, et dévoué militant à notre chère cause. Ajoutons que Tejy est également un grand tombeur. Ce qui prouve qu'elles peuvent aussi être totalement abruties.

Claude (madame, on se surprend à envier la situation de ce veinard de monsieur) : Garce exerçant dans l'univers odoriférant de la poissonnerie de haut vol. L'entité maquereauïdale se livrait à un odieux trafic de jeunes et jolies morues auprès de pauvres pigeons (poisson vole !). Les salopes en veulent à notre argent. Sachez les reconnaître : elles sentent le poisson !

Cuissage (droit de) : Amusante et sensuelle tradition quelque peu tombée en désuétude malgré l'attrait certain qu'elle représentait. Le patron faisait plaisamment connaissance avec sa secrétaire, le chef de service avec ses ouailles, le paysan avec ses oies, le beau-père avec sa belle-fille et le sacristain avec les enfants de cœur… Que la vie était douce en ce temps-là. Ces salopes ont su en avoir raison. L'univers du travail a perdu une de ses plus touchantes conquêtes. Combien de nos contemporains partent maintenant au bureau, à l'usine, à la Sécurité sociale à reculons ? Allez, Krasu, une petite grève pour nous remettre tout ça en place ?

Drogue : Voir Merde.

Est-Allemandes (nageuses) : Spécimen d'homo-sapiens initialement de sexe féminin à la musculature trapézoïdale hypertrophiée du fait de la consommation sans modération d'hormones mâles. Ainsi deviennent-elles (ils) les meilleures, les plus fortes et les plus rapides inclinées sur plan d'eau. Au contraire du travelo du bois de Boulogne qui trahit sa condition primitive d'homme fort et respecté pour devenir serpillière à ce que l'on sait, reconnaissons à ces championnes le mérite d'avoir choisi le bon camp alors que rien ne les y obligeait. Certains esprits chagrins rétorqueront qu'elles sont laides et peu désirables. Certes. Mais qui pourrait se targuer d'avoir vu une nageuse est-allemande avant travaux ?

Femme : Créature complexée de nature du fait de ce que l'homme possède de plus qu'elle : intelligence, goumi, force physique, pilosité plus développée, salaires plus attrayants, plus grande maîtrise face aux aléas de la route, etc. Ainsi est faite la nature humaine. N'oublions point que Dieu qui n'était pas un travesti nous fit à son image, et en conséquence rata quelque peu les femmes. Sous prétexte que ces petites natures auraient légèrement souffert au fil du temps, les femmes jouent aujourd'hui les martyrs pour en vouloir toujours plus. Les roquets ont toujours aboyé produisant force décibels dans le sombre dessein de déstabiliser le gros bouledogue inébranlable. Alors quand il s'agit de roquettes, tous aux abris ! (remarquons perfidement que la seule prison réservée aux femmes se nommait justement la Roquette...)

Féminisme : Voir Opium.

Girafes (femmes) : Une intéressante façon qui nous vient d'Ouganda de les élever. Notons que nous avons les femmes éléphants (voir Mère Denis).

Harcèlement (sexuel) : Mode qui nous vient des Etats-Unis. Permet d'envoyer à peu près n'importe qui en prison pour peu qu'il soit de sexe masculin et ait un jour eu l'outrecuidance de proférer à l'encontre de sa victime supposée un quelconque geste d'amitié : d'un clin d'œil à une invitation à dîner en passant par la poursuite sauvage, pantalon baissé, dans les toilettes de l'entreprise. Nous le voyons, cette notion ouvre la porte à tous les abus. Les hommes n'osent de ce fait plus adresser la parole à leurs secrétaires et se retrouvent contraints de faire le café eux-mêmes, ainsi que de se détendre par leurs propres moyens, causant surdité précoce et hypertrophie de la main droite préjudiciable à la productivité de l'entreprise. N.B. : cette notion s'applique également dans la rue et dans les transports en commun. Gare aux bananes dans les poches ainsi qu'aux crosses de parapluie aux heures de pointe !

Hari (Mata) : Double salope — voire triple, les historiens restent assez partagés — qui œuvrait en alcôves afin d'y emmagasiner des secrets d'Etat touchant plus particulièrement à la défense. Résultat de ces galipettes : plusieurs divisions décimées par un ennemi qu'on n'attendait pas là et des généraux totalement pompés. Mata, qui dans la clandestinité se faisait appeler Pierre, résumait cyniquement sa tâche par le dicton suivant : « D'une Pierre, deux coups ! » La salope est vicieuse, hypocrite et intéressée. Y céder est signe de faiblesse.

Hitler (madame mère) : si cette salope n'avait pas existé, trente millions de personnes existeraient encore. La salope est aussi une reproductrice monstrueuse. Ce ne sont pas mesdames Marcos, Ceausescu, Pot, Staline, Néron, Caligula, Bonaparte, Pinochet, Borgia, Thatcher et Platini qui me contrediront.

Hyène : LA hyène est charognarde, fainéante et méchante alors que LE castor à la queue solide est courageux et bâtisseur. Sans commentaire.

Jane (Calamity) : Le prénom de cette outlaw vaut tous les commentaires du monde.

Laide (femme) : On peut trouver quelques circonstances atténuantes à la belle femme. On lui pardonnera plus facilement l'ensemble des travers dont la nature et l'apprentissage de la vie l'ont affublée. En revanche la femme laide... On dit dans ce dernier cas qu'elle est gentille. Et quand elle est mauvaise, qu'en fait-on ? L'enfer doit être peuplé de femmes laides. On se surprend à rêver au divin enfant qu'auraient pu faire Mme Landru mère avec Ray Charles... (voir Landru fils).

Landru : un précurseur qui sut mener, en des temps difficiles, un courageux combat pour la femme au foyer. Que la gloire soit avec lui.

Longo (Janie) : Jusqu'à présent le domaine de la pédale, sport confondant d'imbécillité s'il en est, — surtout depuis l'invention de l'automobile à moteur à explosion — était plutôt l'apanage des plus obstinés trisomiques de tendances hydrocéphaliques au système cérébro-moteur demeuré intact... Voilà que ces dames s'y mettent avec une grâce pachydermique propre à reléguer Babar au rang de délicat petit rat de l'Opéra effectuant des pointes en tutu rose. Si elles tiennent à niveler par le bas...

Macho : mentalité manichéenne et positive se distinguant par son exemplaire simplicité nous venant d'Amérique latine et d'Europe du Sud. Cette idéologie de l'extrême prône la supériorité totale et absolue de l'homme combinée à l'infériorité congénitale de la femme dont la raison de vivre réside dans sa capacité à assurer le repos du guerrier après son repas. Notons que le macho est particulièrement exclusif et aurait tendance à vouloir découper en morceaux celui qui contribuerait à favoriser la poussée de cornes entre les oreilles de la bête. Remarquons également que le machisme poussé à son extrême (!) aboutit au militantisme gay : mêmes attributs virils, idéologie identique… On appelle cela un cercle vicieux. Principaux représentants de cette caste : Rocky, « Reviens Adrienne ! », Monsieur Propre, Balouchetes de Oro (brave et cruel Miura de corrida) et Aldo Maccione pour l'ensemble de son œuvre.

Marcos (Imelda dite tata Macoute) : Salope contemporaine haïtienne aux tendances mégalomaniaques certaines. Elle manipulait son infortuné époux au faible caractère. Le pauvre Ferdinand en mourra. Résultat : plusieurs centaines de milliers de victimes, un peuple exsangue de va-nu-pieds, une collection de chaussures impressionnante, et un orphelin de père. La salope est partout.

Marilyn (Monroe) : Ô femme étalon, star brillantissime dans la lueur des sunlights, étoile éternelle, suspends ton vol vers ces sommets d'où jamais on ne descend. Marilyn incarnait la femme idéale. L'actrice de cinéma qui ne convolait pas avec des plombiers-zingueurs est idéalement morte dans des circonstances aussi douteuses que dans la fleur de l'âge. Et si son exemple était à suivre par l'ensemble de la population des femmes idéales ? La femme idéale est-elle une femme morte ?

Marilyn avait un cerveau de 100 grammes plus lourd que celui de ses congénères. Elle était donc plus intelligente. La femme intelligente est-elle une femme suicidée ? Lucidité.

Merde : merde (voir Féminisme).

Messaline : Impératrice et putain heureusement morte en 48. Combien, entre-temps, fit-elle empaler d'hommes après s'être empalée sur eux ? Combien en fit-elle jeter aux lions ? Combien de chrétiens fit-elle crucifier pour ses anniversaires ? Combien de villes brûlées pour la sainte Messaline, celle qui rit quand on la... ? Combien de marins, combien de capitaines ? Fera-t-il froid cet hiver ? Son pauvre époux Claude 1er, un esprit faible en proie à la poussée de cornes sur sa couronne de lauriers ne pouvait contenir les délires de son épouse plus portée sur la débauche et l'abus de biens sociaux que sur la façon de mener l'empire. La salope peut aussi être antique et romaine. On se surprend à repenser à la phrase de Joséphin Péladan : « Plus la femme a de pouvoir dans une civilisation, plus la décadence est grande » (voir Thatcher).

Mine : « Vaut mieux sauter là-dessus que sur une mine ! », leitmotiv pavlovien popularisé auprès de la gente féminine de Mourmelon par l'adjudant Grouchard du IIIe REP. Notons, pour contredire dans un esprit critique et constructif cette admirable réflexion, que mieux vaut, dans certains cas, exploser directement sur un champ de mines.

MLF (Mouvement de libération de la... Laissez-moi rire !) Assemblée de mal baisées, paresseuses, vieilles gouines lubriques au coup de ciseaux facile, qui réussit le coup d'Etat que l'on sait au milieu des années 60, après avoir fait régner un tel état de terreur dans la virile société d'alors que plus personne ne s'évertuait désormais à prendre quelque décision sans demander l'aval de ces « dames ». La salope peut également se regrouper en société organisée. Elle a vraiment du temps à perdre au lieu de nettoyer les toilettes et de faire la vaisselle. (Ou plutôt, d'abord faire la vaisselle et les cabinets ensuite.) MLF : Mal léchées forcenées !

Nozière (Violette) : Salope parenticide rurale à la mémoire défaillante : parce que son bien-aimé paternel lui demandait avec une légitime insistance de ne point ranger le vase de mort aux rats à côté des bocaux de sauce américaine, l'écervelée aussi peu encline à l'ordre familial qu'à celui des pots se fit un malin plaisir à trucider ses géniteurs. « Les salopes en ont parfois plus dans le cul que dans la tête » : Tejy, philosophe de la seconde moitié du XXe siècle.

Opium : voir Drogue.

Pétasse : sous-catégorie de salope, au même titre que ses collègues radasses et blondasses. Comme son appellation le laisse supposer, la pétasse est aussi palpitante que l'émission sonore de gaz s'échappant du fondement. Prétendre que la pétasse n'est qu'un trou du c... serait faire acte de mauvaise foi. Cependant, proclamer que la pétasse sent mauvais relève de l'information. En dehors de ces considérations scatologico-olfactives, sachons que la pétasse se distingue par l'immensité du champ de sa bêtise apte à pulvériser toutes les limites scientifiquement définies jusqu'alors.

La pétasse se distingue par une allure dont chaque

composante est une insulte aux plus élémentaires notions de discrétion et de bon goût : maquillage outrancier, pathétiques vêtements de péripatéticiennes en rut, puissant et sonore phrasé à la sémantique vulgaire (nous revenons à la définition du pet), physique comparé auquel une andouillette de Vire rivaliserait d'élégance avec Anne Sinclair... La pétasse est infréquentable. Et pourtant elle jouit d'un grand succès auprès de la frange la plus sexuellement démunie de la gent masculine.

Où est le mal dans tout cela ? Les gens sont vraiment ignobles.

Pipi (Madame) : qui se ressemble s'assemble et à ma connaissance, il n'existe point de « monsieur caca ». En conséquence, la salope est aussi scatophile. Sachez la reconnaître, bouchez-vous le nez. (Voir madame Claude).

Pot (Paulette) : Salope jaune et rouge qui exigea de son Popol d'époux qu'il génocide tout un peuple pour lui prouver son amour. Le défi était stupide. Le mâle releva le gant et holocausta quelques millions de Cambodgiens avec une dextérité qui nous laisse pantois. Le cri de ralliement de ses opposants survivants : « Pot-au-feu ! ». La salope est aussi bicolore.

Radasse : le chaînon manquant entre la blondasse et la pétasse. La radasse est une blondasse matinée de pétasse qui exerce son courroux dans les rades. Tout cela relève du dernier du chic. La radasse sent le varech, ce mélange d'algues pourries et de colombins de mouettes. Elle est dotée des mêmes défauts que ces consœurs. C'est pourquoi cette pauvre pécheresse n'est bonne qu'à être jetée dans l'eau du porc.

Salope : Regardons la définition de Larousse (bien qu'elle ne devrait point trop différer de celle de la blonde ou de la brune) : « Salope = femme très malpropre. » Doux euphémisme. Attardons-nous désormais sur la signification du terme malpropre — le mot « Femme » étant défini plus haut dans le présent bréviaire — : « Qui manque de propreté ; indécent, immoral, malhonnête, contraire au devoir. » Maintenant que nous en savons plus, regardons autour de nous : toutes des salopes ! Au secours !!

Salpingite : Dieu punit les salopes, Salpingite est son prophète. Sonnez tocsins, résonnez trompettes et enflammez trompes !

Thatcher (Margaret) : Cette femme d'Etat trouva la Grande-Bretagne en justement bon état. Elle réussit le tour de force d'en rendre les terre exsangues en moins de temps qu'il n'en faut à Rambo pour décimer douze bataillons viets. Le monde entier déclare en avoir plus qu'assez de cette grande endive aux dents disposées en décapsuleur de bière qui se fait appeler la dame de fer... A commencer par ce pauvre M. Thatcher qui, entre deux coups de barre de fer préférerait voir son épouse laver les latrines qu'envoyer des divisions navales nettoyer les Malouines, pour le simple plaisir de trucider quelques innocents marins et capitaines Argentins. A l'image des ânes, la salope est aussi intransigeante que dotée d'une dentition spectaculaire.

Voile (islamique ou non) : utile morceau d'étoffe servant à dissimuler la laideur congénitale de certains modèles de femmes. On se surprend à éprouver une certaine compréhension à l'égard de quelques principes humanitaires et hygiéniques de feu l'ayatollah Khomeiny. En fait, a-t-on défini le rôle que joua madame l'ayatolette dans l'histoire contemporaine de l'ex-empire persan ?

Weber (les sœurs) : quadrille criminaloïdal de bonnes vieilles mémés qui avait pour coutume de tronçonner les messieurs de passage dans leur district, pour enterrer dans un coin de leur jardin potager ici un tronc, là des intestins ou une tête aux globes oculaires vidés puisque les yeux sont faits encore plus loin. Chacune des sœurs avait sa spécialité : Simone se chargeait du maniement des objets contondants, passant le relais à sa sœur adorée plus familière des objets tranchants : couteaux, opinels, canifs, poignards, machettes et autres ustensiles de boucherie-charcuterie-triperie. Les deux petites dernières assumaient l'une le coin tronçonneuse (entretien et maniement) tandis que sa collègue et néanmoins frangine — bon sang ne peut mentir — avait en charge de faire disparaître les restes tout en enrichissant de la plus naturelle des façons l'humus du jardin familial. On tenta bien de leur expliquer que ce qu'elles faisaient était juridiquement et moralement condamnable, elles ne comprenaient pas. Ce qui prouve que la qualité de salope se transmet également auprès des populations gérontocratiques. Dans ce cas, on dit avoir affaire à de vieilles salopes. Et il faut toujours se méfier des jardinières.

Wolf (Virginia) : Epouvantable mégère aux talents de prestidigitatrice puisqu'elle parvient quotidiennement à faire voler la vaisselle, à défaut de la faire. Distille suffisamment de saloperie pour faire exploser une des cellules familiales les plus unies des Etats, également unis. Ce spécimen d'immonde dévastatrice ne doit pourtant pas inspirer la crainte, sous peine, à l'image des roquets canidés batardisés qui mordent quand ils sentent la peur, d'intensifier le débit salopoïdal de ces ignobles furies, les lèvres écumantes de bave. Notons que le mal nommé M. Wolf est un faible doublé d'un crétin, à moins qu'il ne soit guidé de pulsions masochistes, puisqu'un uppercut pourrait allègrement adoucir sa misérable existence, ainsi que celle de ses voisins.

3

Un peu d'histoire

12 millions 724 972 années avant Jésus-Christ, 16 h 50, Cro-Magnon (douce bourgade célèbre pour ses grottes vraisemblablement située entre Limoges et Montluçon) : scène de ménage chez les Marbok. Parce que madame Marbok n'était point satisfaite du nouveau manteau de fourrure en peau de diplodocus que lui ramena monsieur après plusieurs lunes de chasse. Certes monsieur Marbok n'était point fourreur professionnel, car à cette époque la profession ne s'était pas encore organisée avec ses promotions en périodes de fêtes. Que nenni. Ce que madame Marbok avait entre les mains tenait du rosbeef, de Demis Roussos et de la serpillière : une pilosoïdale matière gluante découpée à la va-comme-je-te-pousse, mais confectionnée avec amour et habileté, même si la qualité du tannage laissait à désirer : morceaux de viscères restés collés à l'encolure et sang coagulé sur la fourrure. Madame Marbok avait malgré tout une certaine allure emmitouflée dans cette peau de bête qui la couvrait certes moins que son manteau en peau d'ornithorynque mais suffisamment pour affronter les frimas de l'hiver et les tracasseries libidineuses de

Barbak, qui lui tenait amoureusement compagnie quand monsieur Marbok partait à la chasse, (c'est-à-dire les quatre-cinquièmes du temps). D'où le dicton : « qui va à la chasse perd sa place ».

Soudain, ce qui devait arriver arriva et à bout de nerfs devant les violentes jérémiades de sa bonne femme (« bonne » étant placé là à titre amusant et ironique) Raymond Marbok saisit le gros gourdin spécial « diplodocus » posé sur la pierre basse du salon et l'écrasa violemment sur la tête de madame Irma Marbok, avant de la saisir par les cheveux pour la traîner en direction de la chambre à coucher (en fait une cavité moins humide que le reste de la grotte) pour lui faire subir les derniers outrages... Ainsi s'écoulait paisiblement la vie en ces temps frustes mais justes.

Quelque 12 726 962 ans plus tard, rien n'a véritablement changé : les femmes restent aussi imbuvables que madame Irma Marbok et ce sont maintenant elles qui se chargent d'assommer leurs compagnons d'infortune à grands coups de pieds, de mains, d'objets contondants divers et variés, de lois, de tracasseries, d'humiliations et autres délices qui font regretter à leurs victimes la douceur du gourdin à diplodocus. Soulignons que dans ce dernier cas, le mâle n'a même plus la satisfaction d'être après coup tiré par les cheveux pour essuyer les derniers outrages de la part de la salope ci-devant évoquée. (Ce qui lui aurait permis de se retrouver à égalité de coups en ayant lui aussi tiré le sien.)

Conclusion provisoire : la salope est éternelle. C'est ce que nous allons découvrir à travers ce chapitre que ne décrierait pas Alain Decaux puisque nous allons particulièrement aborder des cas de salopes francophones. (Mais que le lecteur africain, asiatique, sud-américain, maghrébin, communiste, con ou anglo-saxon se rassure : c'est partout pareil.) Déjà une remarque s'impose : devant la dictature exercée par la salope, Cro-Magnon savait trouver la juste parade. Pourquoi n'en est-il pas de même en nos soi-disantes civilisations modernes ?

Parce que la salope qui n'a plus l'occasion de laisser libre cours à ses basses pulsions salopoïdales ne présente plus d'intérêt au présent ouvrage. De plus on ne contrarie pas la nature. Le naturel est comme le diplodocus : chassez-le, il revient au galop. Le Néandertalien le sait et si un bon coup de gourdin remettait à madame les idées en place pendant un certain temps, la manœuvre restait malgré tout à renouveler à dates régulières pour jouir d'une paix durable et permanente. Cette remarque d'un érotisme torride demeure d'actualité et ce ne sont pas les couples mariés qui nous contrediront sur ce dernier point.

Prenons exemple sur nos frères les animaux. Regardons évoluer le lion. Qu'observe-t-on ? Le lion qui, rappelons-le n'est pas le roi des animaux pour rien, mène la vie la plus confortable et placide du monde : il dort, mange, reproduit l'espèce et se rendort. Pendant ce temps la lionne chasse, s'occupe des enfants, de l'intendance, du ménage, de la propreté du logis et du repos de son guerrier de mâle. Notons que le lion applique un système de vie emprunté aux mœurs du maquereau. C'est d'autant plus étonnant que nul zoologue ne recensa de maquereau en Afrique et en Asie.

Quelle conclusion pouvons-nous tirer ? Que la

salope évolue seulement quand le mâle lui en laisse le loisir. Si demain tous les gars du monde s'endormaient. Que se passerait-il ? Les femmes mettraient de côté leurs jacasseries stériles pour enfin retrousser leurs manches. Ce serait une question de survie. Frères : qu'attendons-nous pour sombrer dans le sommeil du juste ? Certains feront perfidement remarquer que cette forme de vie en société est extrêmement répandue dans certains pays arabes, en Sicile et dans quelques villages corses. D'autres rétorqueront en prenant exemple sur les Rois fainéants. Affirmatif. Là-bas, et en ces temps lointains , nul ne se laissait marcher sur les pieds de lit par les bonnes femmes... Mais je m'emporte. Compte tenu de cette dernière objection, nous limiterons le champ de notre investigation au monde francophone excepté les pays arabes et certains villages corses (Il est vrai géographiquement plus proches des savanes dans lesquelles dorment les lions.).

Commençons notre inspection de la salope dans l'espace et dans le temps par la première femme, Eve, à qui nous devons le froid, la maladie, la guerre et Francis Lalanne. Rien de cela n'existait en pays d'Eden. Si cette salope n'avait pas égoïstement croqué la pomme interdite, ce serait encore le paradis ici-bas. La salope est en effet égoïste. Dans ces tristes conditions, il est parfaitement juste de proférer qu'Eve fut la première salope connue. Que nul ne voie en cette remarque terrifiante notion sacrilège teintée de monstrueux révisionnisme (Eve n'a jamais existé et tatati, et tatata...) mais louable souci de rétablir un semblant de vérité historique.

Plus tard apparut toute une génération de salopes

polymorphes répondant aux noms de Messaline, deux qui la tiennent, soixante-dix-huit qui la... (voir glossaire) ; Raymonde Judas qui fit faire ce que l'on sait à son mari dont la faiblesse de caractère n'est plus à démontrer, dans le minable dessein que celui-ci puisse enfin lui offrir la fameuse tunique marron qui seyait si bien au prophète — la salope est envieuse et jalouse — ; Paulette Carabosse : vieille fée malfaisante laide et bossue réputée pour ses mauvais dons, prouvant que les vieilles femmes laides deviennent invariablement d'inexpugnables monstres salopoïdaux (voir Ceausescu Elena dans la glossaire) ; Jane, aux talents de laquelle l'humanité doit le retour à l'état quasi primitif de l'infortuné Tarzan (cette traînée ayant fait du chef comptable plein d'avenir qu'il était la loque qu'il est devenu en moins de temps qu'il n'en faudrait à Chantal Goya pour disparaître en coulisse avec ses amis Riri, Fifi, Loulou, Jambo l'éléphant à la trompe rose et Michey cette souris à la queue aussi développée que ses grandes oreilles) loque zoophile ne s'exprimant que par borborygmes pour converser avec ses amis les singes verts — et nous passerons pudiquement sous silence les affres que lui fait quotidiennement subir la chienne lubrique Sheeta, Demis Roussos en tournée dans la région garde le douloureux souvenir de cette tragique méprise lors de laquelle il vit descendre un homme semi-nu d'un arbre pour lui sauter dessus en prononçant force onomatopées incompréhensibles avant que Jane ne descende de sa liane pour hurler : « Tarzan, laisse Sheeta tranquille ! ». Quel aveu... Ha ! Proserpine ! Reine des enfers, fille de Jupiter et femme du pauvre Pluton, Proserpine enfanta les furies. N'eût-il point été préférable de militer dès cette époque pour la légalisation de l'avortement ?

Et nous passerons encore sous silence toutes ces salopes anonymes qui, au fil des temps perfectionnèrent pierre par pierre leur hideux édifice, dernier mur de la honte encore dressé pour le malheur des hommes. Comment oublier ces sans-culottes assoiffées de sang, déambulant en beuglant « Ça ira, ça ira, ça ira, ça ira, ça ira, ça ira, etc. » à travers les artères de nos cités, têtes masculines macabrement exposées au sommet de leurs piques minables. Comment l'histoire pourra-t-elle gommer de sa mémoire les exactions commises durant la dernière guerre à l'épilogue de laquelle ces grandes coquettes goûtèrent aux joies du coiffeur gratuit et républicain ?

Qui oubliera la sale, revancharde, malodorante, frigide, ignoble, bête et misérable Maheude châtrant en guenilles, en tirant fortement dessus et au mépris des plus élémentaires règles hygiéniques en vigueur dans le monde chirurgical de l'époque, le malheureux épicier de Germinal ? Sûrement pas ce commerçant tenant échoppe au pays des gros c..., pardon, des corons.

Castratrice sous Zola, dénonciatrice sous l'Inquisition, collabo quelques années plus tard : aucun doute, la femme se place sans hésiter, et avec une constance qui force l'admiration, du côté du manche. Mais n'est-ce point là sa nature ?

En regard du nombre de poètes, papes, dramaturges, chercheurs, peintres, sculpteurs, hommes d'Etat, militaires, chevaliers d'industries, plombiers-zingueurs et autres prix Nobel, combien de femmes peuvent s'enorgueillir d'appartenir à l'une des catégories précitées, celles qui font harmonieusement avancer le monde ? Quelles œuvres, mis à part les plus basses, l'humanité leur doit-elle ? Quels noms citer pour répondre à ces cruelles interrogations ? Celui de la comtesse de Ségur, née Rostopchine (ceci expliquant sans doute cela), qui n'a rien trouvé de mieux que de pervertir d'entières générations aux fragiles esprits avec ses fantasmes sadomasochistes pédophilo-lesbiens à l'égard de sa nièce Sophie ? L'horizontale et paresseuse madame Récamier, dont le grand plaisir consistait à brillamment briser les carrières de ses contemporains confortablement étendue sur le célèbre canapé de son salon de tolérance ? Marguerite Duras ? Que nenni...

Assez de balivernes. Ne tournons plus autour du pot comme disait Alain Prost, penseur de la seconde partie du XXe (arrondissement). Osons regarder la vérité en face : la femme est historiquement pour l'homme ce que le boulet est au bagnard ; c'est-à-dire une matière inerte et réductrice de liberté, une sournoise prosélyte étriquée. La saloperie congénitale dont elle est affublée se compose d'une terrible mosaïque de travers qu'il est maintenant grandement temps de mettre en évidence pour mieux les combattre. Halte à l'hypocrisie. A l'inverse de l'autruche, relevons la tête et le reste, voyons le mal (plutôt la femelle) là où il se terre.

Comme on dit chez les gays, inversons la vapeur que ces abominables tartuffes, écœurants hypocrites et véritables démagogues, produirent pour élever, tels des boyscouts carbonisés pour avoir allumé leur feu de camp avec de l'essence, les femmes sur un piédestal duquel, comme des guenons en furie lançant des pierres aux mâles du haut de leur rocher, elles nous bombardent allègrement. La jolie BA que voilà. On ne devrait pas avoir le droit de jouer impunément avec le feu. Eteignons l'incendie qui nous consume.

Sachons adopter à l'égard de ces salopes un comportement adapté à leurs mesures étriquées.

Après tout, un misogyne est un être lucide : c'est celui qui prend les femmes pour ce qu'elles sont (pas grand-chose) et les laisse pour ce qu'elles ne sont pas (tout le reste). Il ne fait que refuser d'entrer dans cette comédie humaine dans laquelle on voudrait l'embrigader. Il ne s'en laisse pas compter, et remet les pendules à l'heure.

Dans ces conditions, apprenons désormais à connaître ces greluches pour mieux les haïr…

4

La salope est laide

« La femme ne sait pas séparer l'âme du corps »

Charles Baudelaire

Avant d'aller plus avant dans notre travail, décidons d'une convention dont la validité demeurera pour l'intégralité de cette étude : toute femme étant une salope comme nous l'avons précédemment vu et approuvé — ceci restant le théorème de base de cette recherche —, chaque titre de chapitre est juxtaposable par la suivante formulation : « la femme est... » Il en va de la bonne compréhension de cet ouvrage.

La femme est donc laide. Certains rétorqueront avec à propos qu'elles ne le sont pas toutes et que Mathilda May, Brigitte Lahaie, Kim Bassinger, Michèle Pfeiffer ou Mireille Mathieu valent le détour. Cette objection n'est pas, sans vouloir récidiver dans les scabreux jeux de mots, dénuée de fondement. C'est pourquoi nous traiterons ici des femmes objectivement laides. Qualité touchant environ, au bas mot et au minimum, la moitié du cheptel sujet de notre étude. Nous tordrons le cou de l'autre moitié lors des chapitres suivants. La salope est donc laide. A tel point que dans certaines civilisations, sans doute les plus avancées, elle se dissimule de la vue de ses contemporains au moyen de foulards, voiles, serpillières et autres étoffes. En nos contrées où règne la permissivité, elle se contente de se maquiller outrageusement, comme si des kilos de peinture pouvaient camoufler les lézardes si profondément implantées dans ce mur vermoulu.

Les femmes sont d'ailleurs obsédées par la laideur qui les atteint inexorablement au détour des années. D'où une consommation toujours plus effrénée en cosmétiques de tout poil supposés masquer la mocheté congénitale qui les envahit. Vaine et futile fuite en avant... Les femmes consomment davantage de parfums que les hommes : sentiraient-elles plus mauvais ? Observer une femelle devant son miroir est une scène dont le comique dépasse de très loin toutes les gesticulations bourvilesques et autres grimaces fernandeliennes connues. La femme est si peu sûre de sa prétendue beauté qu'elle passe son temps à se mirer (à défaut de s'admirer) dans le reflet des vitrines, fenêtres et autres glaces réflectrices se trouvant sur son passage.

Prenons un homme laid que nous appellerons Marcel Pignol. Laissons-le déambuler dans la rue. Qu'observons-nous ?

Aucune réaction.

Prenons maintenant une femme laide que nous appellerons Marguerite. Exhibons-la sur la voie publique. Que constatons-nous ?

Les enfants se moqueront d'elle, les femmes, salopes impitoyables, détourneront le regard, de peur sans doute de se voir comme dans le reflet d'un miroir, les hommes seront pris de nausées tout en rechignant à l'accomplissement, le soir venu, de leur devoir conjugal. Seuls les chiens s'approcheront d'elle parce qu'ils la confondent avec un réverbère. Il ne doit pas être aisé d'évoluer dans une telle peau purulente. Peignons-la en vert : elle pourrait jouer les extraterrestres. Privée des joies les plus primaires de l'existence, la femme laide se venge de la société en adoptant à l'égard de ses contemporains un comportement haineux constitué de perversion et de méchanceté. On peut nommer ça l'aigreur. Il n'est pas rare de débusquer des spécimens de femmes laides, donc aigries, protégées derrière le douillet guichet d'une quelconque et ronflante administration. Tel l'ail (les aficionados de mots croisés auront compris le paresseux, ce petit mammifère dormant sur les branches des arbres, tenant grâce à l'action de ses longs ongles longs et sales. N'est point question ici de ce légume dégageant une odeur persistante qui arrache les larmes, bien que...), la fonctionnaire n'a pas son pareil pour limer ses ongles longs et sales alors que s'épaissit la file d'attente et la légitime grondeur du peuple qui paye ses impôts pour entretenir pareilles aberrantes monstruosités, dans la fébrile attente du providentiel coup de tampon dont cette salope parasitoïdale détient le pouvoir d'action, retranchée à l'abri dans son misérable et poussiéreux trou à rats. De cette grondeur, la laide fonctionnaire n'a que faire. Pauvre sadique qui n'a jamais lu l'œuvre grandiloquente du divin Marquis. Anus à fourrure, immonde araignée tout juste apte à tisser son infâme toile nauséabonde jusqu'au plus profond de nos esprits pour mieux les détruire. Cette abomination sur pattes n'hésite pas à harceler le contribuable perdu, lequel, dans un état de délabrement physique et moral paroxysmique, après un interminable chemin de croix, parvient enfin à hauteur de sa bouche d'égout pour s'entendre répondre :

— Z'avez pas le formulaire FH 549 ? L'en faut un, sinon je tamponne pas, c'est le règlement, adressez-vous au bureau 27 !

— J'en viens, c'est eux qui m'ont envoyé ici !

— Suivant !

Variante de dialogue entre la mégère sauvage et l'imprudent posté devant sa lunette de cabinet :

— Z'avez toujours pas le FH 549 ? L'en faut toujours un, sinon pas tampon. Allez au bureau 27 !

— (dans un dernier souffle de vie) Il est fermé !

— (avec un sourire méchant laissant apparaître trois malheureux chicots jaunes et noircis. La décomposition se lit aussi à travers les dentitions féminines) Alors vous repassez demain !

Et de refermer son guichet dans le bruit du couperet s'abattant sur la tête d'un quelconque Bourbon. On se souvient à ce propos et avec émotion de la phrase déclamée par Danton au pied de l'échafaud invitant dans un but humanitaire le bourreau Samson à raccourcir son ami Camille Desmoulin en premier afin de lui éviter le stress d'une trop longue attente : « Desmoulin avant ! »

Revenons à la femme laide. Repartons vers notre expédition en administrations, réservoirs d'abominables garces au physique ingrat. N'avez-vous point remarqué comment ces misérables salopes referment prématurément leur guichet septique (ne laissant cependant aucune place au scepticisme) plusieurs minutes avant la fin de leur service, histoire de susciter quelques amusantes crises de nerfs de la part d'administrés sous pression, occupés et à bout.

— Si z'êtes pas content, c'est la même chose, de toute façon y'a que moi qui a le tampon FH 549 pour aller sur ce formulaire, alors ! (Ces crapules veulent toujours avoir le dernier mot. Une question me vient à l'esprit : pourquoi la femme laide est-elle si pressée de rentrer entre ses quatre murs sinistres ? Qu'a-t-elle de si urgentissime à y faire ? Rien !)

Alors ne craignons pas de déclamer à l'humanité reconnaissante : guichetières = salopes ! Et n'hésitons pas dans la foulée, quand vient l'heure de la sortie, quand plus aucun hygiaphone ne les sépare de leurs contemporains (par égard pour les démarcheurs ?), quand le ciel est bas et lourd, oui, n'hésitons pas : lynchons-les avant que ces bureaucrates poussiéreuses ne nous enterrent sous le poids de leurs maudits formulaires FH 549. L'injustice a ses limites.

D'ailleurs c'est prouvé au niveau du pouvoir qu'exerce la harpie sur ses semblables : plus la femme est laide et frustrée, plus elle est naturellement encline à œuvrer pour le malheur de ses concitoyens. « Puisqu'ils ne veulent pas de moi, ils n'auront rien ! Après moi, le déluge. » La politique de la terre brûlée. Ainsi raisonna (?) la salope Marthe Richard avant de faire voter le scélérat texte de loi qui porte son nom, aboutissant à la fermeture des douces et propres maisons closes pour le plus grand attrait touristique des sordides rues Saint-Denis et Pigalle, du joyeux bois de Boulogne et gais centres prophylactiques. Encore merci, madame.

La femme est parfois si laide qu'elle boit pour l'oublier. Ce qui a pour vertu de la rendre encore plus laide, d'où une appréciation et une consommation encore moins modérée de boissons alcoolisées, d'où… Et ainsi de suite.

L'alcoolo au masculin fait le génie des arts : le grand poète, le peintre visionnaire, le chanteur inspiré ou le président de la République triomphalement élu. Quant à la femme…

O toi, pathétique femme qui boit, ne te vois-tu point devenir pochetronne en voie de clochardisation, à l'allocution pâteuse ? (voir saoul-Ellen in Dallas). La femme ivre devient donc une redoutable salope (voir la majeure partie des gardiennes d'immeubles). Pourquoi tant de haine ? Le professeur Choron, savant spécialiste de la femme intime et de l'imbibition de ses semblables répond sans marquer la moindre hésitation : « in vino véritas ». Affranchie (car la femme est timbrée, nous le verrons plus tard) des quelques inhibitions qui la retenaient encore de donner libre cours à sa fureur salopoïdale, la laide salope alcoolique dévoile sa véritable personnalité poussée à son paroxysme. Ainsi devrait-on féminiser le terme « ennemi public ». Et encore, « ennemie public » resterait très en-deçà de la vérité.

Souvenons-nous à ce propos de l'étrange histoire de John Merrick, dont la postérité et Babar retiendront plus volontiers son sobriquet Elephant Man. Nul ne pourrait prétendre, sous peine d'être immédiatement suspecté de cécité profonde, nul ne pourrait prétendre, donc, qu'il fut beau. Or, même pareil monstre ne peut être issu de génération spontanée. CQFD. Il se terre bien quelque part une mère, au caractère sans doute aussi ordurier que son physique puisque la salope que nous appellerons Elephant Woman poussa la cruauté jusqu'à abandonner, malgré les barrissements arides qui se faisaient entendre jusqu'à Dunkerque-sud, la chair de sa chair, la trompe de ses trompes, comme un vulgaire éléphanteau blessé sans défense. L'homme le plus laid du monde est en fait issu de la femme la plus laide de l'univers. Honte à Mme Merrick, que les éléphants piétinent impitoyablement cette sans doute grosse salope, terreur des fabricants de porcelaine, mais ceci est une autre histoire... Les militantes écologistes au physique ingrat qui s'obstineraient à aimer la nature ne sont pas rancunières. Ou elles sont sottes. De toute façon elles le sont. Disons qu'elles le seraient particulièrement. (Voir à ce propos l'intéressant chapitre consacré à l'étude de cette tare qui touche nombre de salopes.)

Résumons :

La femme en robe est laide.

La femme en short n'est pas mieux.

La femme en jupe est laide.

La femme en tchador est laide (en dessous)

La femme en minijupe est archilaide.

La femme en pantalon est laide.

La femme en maillot est laide.

La femme en pyjama est laide.

La femme en ensemble Chanel (ou de n'importe quel couturier, c'est pour l'exemple) est laide.

La femme nue est innommable. D'ailleurs, si la majeure partie de nos contemporains éteignent la lumière avant de s'adonner à des activités nécessitant de la part des participants (généralement un homme et une femme, cela constitue même la seule raison objective pour un homme normal de s'approcher d'une femme qu'il sait être par essence salope), et ce pour des raisons aussi pratiques que calorifères, une certaine nudité ; s'ils font ça dans le noir, donc, ce n'est pas sans raison ! Laissons la lumière aux aveugles et aux pervers.

> « La beauté, pour une femme, c'est d'être aussi bien de fesses que de face. »
>
> Raymond Queneaud

5
La salope est folle

> « Il n'y avait qu'une antistrophe entre femme folle à la messe et femme molle à la fesse »
>
> Rabelais

Comme il est coutume de le dire à Marseille : nous le SAVONS tous, la femme elle est fada, peuchère. (Et peuchère, quand on voit le prix qu'elles demandent pour un quart d'heure, c'est pas peu dire !)

En d'autres termes que la communauté littéraire jugera plus convenables, disons que la femme est cyclothymique, ne serait-ce que pour des causes purement (?) physiologiques sur lesquelles nous ne nous attarderons pas. Noir le lundi, la femme dit blanc le mardi venu pour revenir au noir le mercredi, tel que l'illustre parfaitement le comportement de Winnie Mandela. Cette particularité qui touche la femme dans son corps et dans son esprit ne va pas sans poser de graves problèmes pour la bonne marche de la vie en société organisée.

De Jeanne d'Arc à Margaret Thatcher, une seule

interrogation s'éleva au crucial moment où n'importe quel viril général d'armée aurait sans hésiter foncé dans le tas, une seule interrogation donc, s'éleva : « J'y vais, j'y vais point ? » pour l'une ; « Y vais-je, j'y va t-y point ? » pour l'autre. Trop de réflexion nuit à l'action. Résultat : une calcinée et une autre politiquement grillée. Remarquons perfidement qu'il n'est que justice que la salope britannique connaisse, avec quelques années de retard le sort brûlant que ses ancêtres réservèrent à notre pucelloïdale créature hexagonale, territoires des DOM-TOM compris.

Comment passer sous silence les trésors de contradiction contenus dans la première et anonyme salope venue ? Comment ne pas compatir à la situation de ces malheureux mâles contraints de partager leur misérable existence ? Observer un couple choisir son programme télé de la soirée constitue déjà un spectacle à ne pas recommander aux âmes sensibles, aux enfants en bas âge et aux coiffeurs. Invariablement, le choix finit toujours par s'arrêter sur un programme, excepté quand la plante verte du salon termine, scène de ménage achevée, son trajet dans le tube cathodique du susnommé téléviseur. Admettons que le choix se soit arrêté sur la quarante-neuvième diffusion du « Gendarme de Saint-Tropez » sur la 3e chaîne. Quand le mâle se lèvera de son fauteuil, heure fatidique atteinte, afin de mettre son téléviseur sous tension, quelle ne sera sa surprise en constatant que la salope assise sur le fauteuil mitoyen exige sous peine de faire ses valises de voir la soixante-dix-huitième rediffusion du « Camion », le fameux film d'action de Marguerite Duras. Palabres et mauvaise foi viendront à bout de la raison. Combien de fois le mâle entend-il dire : « Ha, mais je n'ai jamais dit ça ! » ? De l'institutrice qui transforme au dernier moment le cours de préparation au sommeil initialement prévu par un petit contrôle d'algèbre jusqu'à la tyrannique chef de service de ce grand magasin qui licencie manu militari son jeune assistant pour avoir commandé dix-huit mille casseroles jaunes alors que l'autoritaire les aurait demandées bleues (en réalité, c'était jaune !), une seule constante : l'hydrocéphalie qui guette toujours la tête de ces créatures. Pour s'en convaincre, le saint Thomas n'a qu'à visiter un asile d'aliénées. Certains psys soviétiques, les plus techniquement avancés dans l'étude des maux cérébraux, sont formels : la folie est contagieuse et il est toujours préférable de séparer les dingues des folles en asiles psychiatriques. Si, comme nous le verrons ultérieurement, le cerveau féminin est plus léger que le masculin, il est aussi plus fragile.

Tenez, prenons un exemple pour nous en convaincre : seul un cerveau aussi dérangé que celui d'une femme pouvait inventer un soir de beuveries au bord d'un lac helvète, et ce malgré la protection du distingué lord Byron, l'effrayant personnage du monstre de Frankenstein. C'est pourtant ce que fit Mary Shelley, pour la plus grande terreur des mâles qui l'entouraient. Seul un esprit aussi perturbé pouvait, ne serait-ce qu'une seconde, penser à découper des cadavres pour faire des morceaux de mort-vivant. Et son entourage ivre de terreur de s'adonner à des actes que la morale réprouve, le plus comique étant le suicide du docteur Polidori dont la villa abritait les exactions ci-devant évoquées. Son fils Raymond lavera la mémoire de son géniteur en devenant le champion cycliste que l'on sait, mais nous nous égarons. Et cette folle de Mary Shelley, qui allait quelques années plus tard enterrer (?) son pauvre mari, de déclarer pour la postérité : « Je ne suis pas de celles que l'on aime, mais de celles dont on se souvient », histoire de mieux enfoncer son clou rouillé dans les tréfonds crâniens. Et la folle de Chaillot ? Jusqu'à preuve du contraire nul n'a été capable de trouver un quelconque fou sur cette chic colline parisienne... D'après divers témoignages recueillis dans cette partie du XVIe arrondissement, il ne serait pas rare de voir apparaître au crépuscule, partant d'entre les piliers de la tour Eiffel pour s'échouer vers le palais de Chaillot, une femme nue remuant les bras au-dessus de la tête en lents mouvements ondulatoires, éructant désespérément des borborygmes que les plus éminents linguistes traduisent par : « Diboubili-diboubila Yogogo-Yagaga. » Certains anciens combattants l'auraient aperçue portant les jours de fête nationale un drapeau tricolore et les charcutiers la dépeignent avec un gros Bayonne accroché dans le dos, terrorisant les musulmans pratiquants du quartier.

La folle est-elle de gauche ou de droite ?

C'est l'angoissante question que se pose tout candidat à une quelconque élection ainsi que les instituts de sondage. Avant d'y répondre tout de go, étudions les caractéristiques de la folle. Par définition est considéré comme fou tout être ayant perdu la raison ou se livrant à des actes antisociaux (s'exhiber, âge de la ménopause atteint, en compagnie des palmipèdes Riri, Fifi et Loulou ; se persuader que la lessive Machin lave réellement plus blanc que la lessive Chose ; s'angoisser sur le sort de la princesse Stéphanie jusqu'à en devenir insomniaque quand on ne la connaît pas ; s'aventurer à doubler un 40 tonnes lancé à 120 kilomètres à l'heure en haut d'une côte ; entendre des voix qui vous ordonnent de bouter les Anglais hors de France ; donner des cacahouètes aux avions ; injurier les passants, debout sur un pied ; noyer son nourrisson pour faire la couverture des magazines en couleurs, etc. Ajoutez ici une anecdote qui vous est personnelle, vous n'aurez aucun mal à en trouver.). Sachons également reconnaître la vraie folle de la supposée. Par exemple Folcoche, l'antipathique salope sévissant dans la famille Bazin puisqu'elle en fit un élevage, Folcoche dont le fin sobriquet naquit de la contraction des termes folle et cochonne (in « Vipère au poing ») est certes sévère mais juste vis-à-vis de ses sales gamins. En conséquence rien ne permet de confirmer la supposée folie de cette femme par ailleurs très croyante. En revanche, force est de constater, à travers les récits historiques, la saleté repoussante du personnage. Revoyons la définition de la salope : « femme malpropre ». Pas de doute, madame Folcoche en est bien une.

La folle est-elle de gauche ou de droite, donc ?

La droite, c'est la propriété privée, la gauche le collectivisme. La droite est égoïste, la gauche est généreuse. La droite est conservatrice, la gauche aventureuse. La droite est nationaliste, la gauche milite en faveur du métissage. La droite dissimule les dingues derrière les hauts murs des établissements spécialisés ; la gauche les nomme ministres au nom de la réinsertion. La droite est rigide, la gauche est laxiste (à ce que disent les gens de droite). La droite est vieille, la gauche est jeune (à ce que prétendent les gens de gauche).

Quant aux folles, elles votent à gauche quand tout le monde plébiscite la droite et inversement. Elles constituent le réservoir des déçues et des aigries, réservoir dans lequel les extrêmes puisent allègrement leurs forces vives. Il est d'ailleurs totalement stupide et inutile dans la poursuite de nos travaux de se demander si la salope penche plutôt à gauche ou à droite. C'est aussi incongru que se demander si le génie mâle porte à gauche ou à droite. Cependant, comme le souligne le professeur Trisomsky de l'université de Schyzophrénosk : « la folle penche la tête du côté le plus atteint par l'hydrocéphalie », et de saisir son gros pic à glace dans le scientifique dessein d'étayer son hypothèse et d'arroser les plantes de l'université tout en rétablissant l'équilibre crânien de la patiente ainsi soulagée.

Comment la saloperie de la folle se caractérise-t-elle concrètement ? Pour répondre à cette interrogation, étudions le comportement d'une folle — que nos amis gays se calment, il s'agit ici d'une femme — assise sur la chaise d'un restaurant de bonne tenue, attablée devant un bipède — que les gays se la trempent dans l'eau froide — de sexe masculin. Seule une chandelle les sépare. Le niveau de la conversation demeure assez bas, propice aux tendres confidences. Les mets servis et le vin fin ajoutent du baume dans les cœurs. Tout en devisant joyeusement, gaiement, le dîner se poursuit agréablement. Il lui fait du pied sous la table, lui prend la main, elle écarte les jambes... Quand la catastrophe, l'éruption volcanique, position 12 sur l'échelle de cet imbécile de Richter qui n'en avait pas tant prévu, éclate sans qu'aucun signe avant-coureur, comme dit Poulidor, la laisse pressentir. C'est au moment où le convive A (mâle) dit à la convive B (salope) « La morue est succulente. », qu'éclate le drame dans toute sa cruauté en même temps que se dévoile la véritable nature de la salope folle. Dans un élan simultané à la prononciation de cette petite phrase anodine, B renverse le saucier sur la tête de A avant de s'enfuir en poussant de grands cris incompréhensibles (« Yobudio-Youbäda, Alalali, Tatitatitatata » trad. approx.) tout en remuant les bras dressés au-dessus de sa tête en lents mouvements circulaires qui ne sont pas sans nous rappeler ceux des pales d'hélicoptère. Remarquons que, feinte ou réelle, la folie constitue un excellent moyen pour disparaître avant l'arrivée de la toujours douloureuse addition.

Dans un autre ordre d'idée, qui n'a jamais essuyé ce type de dialogue (?) :

— (voix masculine) Allo, bonjour. Je t'appelle pour notre rendez-vous de ce soir...

— (voix salopoïdale et sèche) Ha ! Mais on n'avait rien convenu pour ce soir, d'ailleurs j'ai prévu autre chose... (Salope !)

« Do ré mi fa sol, toutes les femmes sont folles », comme le prétend la comptine, et il est bien connu que la vérité sort de la bouche des enfants. Victor Hugo, qui n'était pas non plus le dernier des cons, et qui connaissait bien les femmes puisque la rumeur prétend qu'il arrivait à écrire les malheurs de Cosette tout en faisant de l'autre main le bonheur de sa femme de ménage. Bref, Hugo écrivait : « Souvent femme varie, bien fol est qui s'y fie ». Brave Victor, n'aurais-tu oublié dans la seconde partie de ton inoubliable phrase que souvent l'homme ne se fie point spontanément aux élucubrations de la femme : la greluche imposant que l'on se fie à ses variations en scie majeure... Pour elle, le plus court chemin entre deux points n'est pas la ligne droite. La femme est tordue, même quand elle est droite. Ainsi empoisonne-t-elle volontairement ou non l'existence de ses contemporains.

Laissons la conclusion de ce chapitre à Proudhon qui dut en souper avec ces salopes pour écrire qu' « Une femme qui exerce son intelligence devient laide[1], folle et guenon. » Evoquer ainsi une femme qui exerce son intelligence n'est-ce point une vue de l'esprit, un thème de science-fiction ? Proudhon qui était de Besançon et socialiste appartenait sans doute à ce courant que l'on nomma en son temps celui des « socialistes utopiques »... (Reconnaissons que pour le reste, Proudhon n'est pas non plus le dernier des imbéciles.)

Et puis cette conclusion en forme de comparaison n'est pas très gentille pour Judith, Sheeta et leurs copines cercopithèques.

1. Voir chapitre précédent.

6

La salope est grosse

> « Les femmes laides sont très utiles. Si vous voulez passer pour respectable, il suffit de les inviter à souper... »
>
> Oscar Wilde

Un homme enveloppé est appelé un bon gros. Certains font carrière dans la ritournelle comme Carlos, Demis Roussos ou Richard Anthony ; dans le cinéma : Bud Spencer, Marlon Brando, Gérard Depardieu ; en politique : Raymond Barre, Michel Charasse, Philippe Seguin ; ou en cuisine avec notamment les fameux frères Troigros.

De son côté, la salope qui affiche des kilos superflus est considérée comme monstrueuse. Elle en est d'ailleurs pleinement consciente puisque la presse féminine propage à longueur d'année d'efficaces conseils minceur qui font toujours grossir les ventes.

Mis à part le cas de quelques cantatrices au bovin physique propre à les faire confondre avec des vaches laitières enceintes de plusieurs veaux, mis à part les cantatrices, donc, on imagine mal de féminins équivalents de Carlos ou de Demis Roussos. Ne serait-ce que pour des raisons ayant trait à leur absence de pilosité pouvant les amener à rivaliser avec les susnommés. Bien que certaines femmes feraient bien de se renseigner sur les vertus du nouveau Gillette GII...

Qui oubliera la pétaradante Grosse Bertha, salope germaine. Nul ne sait si Bertha avait les seins en obus, mais force fut (!) de constater son effrayant feu où je pense qui fit quelques malheureuses victimes.

La grosse salope, donc...

Que connaissons-nous de plus hideux qu'un corps recouvert de cellulite ? Quel pervers polymorphe trouverait le moindre charme aux disgracieuses culottes de cheval, qui, rappelons-le, restent une exclusivité féminine ; y compris dans la région de Saumur dans laquelle la fine fleur de l'équitation n'oserait, eu égard pour les chevaux quotidiennement montés, se laisser aller à quelques excès alimentaires.

D'ailleurs, pourquoi la femme grosse commence-t-elle d'abord par enfler des fesses avant que cela se propage ensuite à l'édifice entier ? Dieu, qui n'était pas un con et qui est bon, devait nourrir quelques rancunes à l'encontre de l'espèce pour avoir affublé les descendantes d'Eve de cette qualité qui fait le bonheur de tout un pan de l'économie occidentale et le malheur des quatre-cinquièmes de l'humanité qui meurt de faim.

La femme est programmée pour la goinfrerie et ce qui en découle naturellement : l'obésité et la méchanceté (voir « la salope est laide »).

D'ailleurs « le Livre des records » est formel : l'homme le plus gros du monde est une femme. Souvenons-nous de la fable du bœuf et de la grenouille, celle-ci veut tellement le singer, jalouse et envieuse de la puissance qu'il dégage, qu'elle finit par en exploser, laissant des éclats et des morceaux de viscères partout dans un rayon de plusieurs mètres alentours. Transposons cette triste histoire du monde batracien à notre civilisation humaine en évitant la région de Beyrouth. La salope s'imaginant sans doute invulnérable multiplie les tracasseries vis-à-vis de son entourage, devient franchement emmerdante, se comporte mal à table, attrape ce que l'on nomme la grosse tête et disjoncte (voir « La salope est folle »). C'est bien fait ! Certains cyniques en font des chansons : « Femme, femme, femme, fais-nous youp-la-boum !... Ho, la belle rouge !! ».

Certes, objecteront les plus lourdes : l'homo-erectus moyen et à la mode s'exhibe plus volontiers en compagnie de pulpeuses créatures que de poitrinaires en provenance du Biafra. Certes. Evidemment, bien sûr, mais point trop n'en faut et ces lourdes créatures feraient mieux de voir le tonneau qui est dans leur enveloppe terrestre que la paille se trouvant dans le jardin de mon oncle. Alors, un peu de modestie, mesdames. Au lieu de nous rendre la vie impossible, commencez donc par faire le ménage dans vos propres (?) rangs.

Rions, maintenant. Regardons avec un œil neutre l'aspect vestimentaire de nos contemporains. L'homme déambule en costume constitué généralement, excepté dans les camps naturistes dans lesquels seul subsiste l'élément du haut, panoplie constituée donc d'une veste (élément du haut) et d'un pantalon (élément servant à habiller le bas). Tournons-nous maintenant vers nos amies. Que constatons-nous ? La femme se travestit car elle a honte de son corps. Elle porte une robe ample servant à dissimuler ses formes inharmonieuses. La grosse salope écrase de tout son poids l'homme qui se trouve sur son chemin ou dans son lit à triple sommier renforcé. Elle ne s'embarrasse d'aucune réserve : tel le 40 tonnes de vin italien piloté par un camionneur qui fit honneur à sa cargaison, la lourde salope fonce tête baissée dans le tas. Tant pis pour ceux qui s'écarteraient trop tard. De la margarine devant les yeux, du saindoux dans le cerveau et du gras-double dans le reste du corps, cette réincarnation de diplodocus téléphage et carnivore ne pense qu'à manger. Ceci expliquant cela...

Le complexe d'infériorité originel naît sur le banc de la balançoire de l'école quand la petite fille enveloppée s'aperçoit avec un certain effroi que sa copine, à la corpulence moins pachydermique, qui prit place en face d'elle se retrouve instantanément plus haut, quand la violence de la dénivellation ne la propulse point carrément sur la cime du plus grand arbre de la cour de récréation, tel le cul-de-jatte remuant désespérément des fers à repasser, catapulté sur les plus hautes branches d'un arbre par l'onde de choc née du passage d'un quarante tonnes de vin italien ivre de vitesse. Le terrible serpent est dans l'œuf. Le reste de la vie de cette petite fille (on pense à ces mots magnifiques que nous devons à la plume experte de Victor Hugo : « Cosette devenait peu à peu une femme et se développait. ») demeurera placé sous le signe de la vengeance. Alors, le comportement de la grosse salope sera invariablement guidé par cette indicible volonté de nuire qu'on ne trouve plus guère que chez certaines écrivaines réalisatrices de films terrifiants d'ennui. Mépris, impolitesse, acharnement contre ses voisins, rédaction de lettres de dénonciation, martyre d'animaux, organisation de l'assassinat de son gendre qui en savait trop sur les coupables agissements de sa salope de belle-mère par ailleurs escroc international, exhibitionnisme balnéaire au mépris des enfants en bas âge, monopolisation de deux places assises dans les transports en commun et autres exactions sont les principales composantes de l'œuvre affreuse, chaque jour perpétrée par cette sournoise créature du diable. Avant de clore ce chapitre, remarquons que chaque femme en âge de procréer constitue une grosse en puissance, avec le wagon de maux que cette tare implique. Ainsi ne devrait-on plus parler de taux de fécondité mais de taux de grossesse.

En conclusion, sachons rester dignes devant les provocations réitérées de cette hydre à ventres multiples, et comme Jean Rostand, souvenons-nous que : « La bave du crapaud n'atteint pas la blanche colombe... »

7
La salope est mince

« Les femmes ne sont qu'un substitut à la masturbation »

Capitaine Crochet
(cité par Bruno Masure)

Après les vaches grasses, passons aux vaches maigres…

Avez-vous remarqué combien le bois sec est cassant ? Il en va de même de la femme dont la saloperie profonde n'a pas l'excuse d'être enfouie — et amortie — sous des amas de graisse.

N'importe quel psychiatre sibérien confirmera que le froid, s'il conserve les viandes, dérange les esprits ; sans doute du fait des vibrations provenant du grelottement. Or, la femme maigre est calorifèrement plus vulnérable que sa consœur [1] artiodactylo-pachy-

1. A l'intention des typographes : j'ai bien écrit « consœur » en un seul mot, de la même façon que « conchyliologie » désigne la science qui traite des coquilles et non celle qui s'attache à l'étude d'abrutis enfermés à double tour dans les toilettes de leur logis, et sachez pour finir que « gynécologie » ne désigne en rien les mêmes crétins se reproduisant chez eux.

dermique. Une femme qui n'a que la peau sur les os a toutes les chances de faire entrer les courants d'air et d'en souffrir par la suite. D'ailleurs Adam qui n'était pas le dernier des cons (il semblerait même qu'il fut le premier) déclarait avec un à-propos qui frise l'exploit « La femme est l'os de mes os, la chair de ma chair. » Or, toutes les gravures représentant Adam sont formelles sur un point : notre glorieux aïeul n'était en rien la doublure de Demis Roussos.

La salope maigre cultive une saloperie inversement proportionnelle à son gabarit et les esprits les plus logiques de se demander comment peut bien se terrer tant de méchanceté en un si étroit espace...

La maigre a une revanche à prendre sur le monde. Jalouse, elle en veut à la terre entière du retour de la ronde sous les projecteurs de la mode. C'est connu : les hommes préfèrent les grosses. Les maigres le leur font bien payer. Prétendre que la maigre est constamment de mauvaise humeur relève du pléonasme. Car la maigre n'est jamais assez mince. C'est ce que lui dicte sa presse favorite : et la revoilà partie dans des régimes toujours plus draconiens. La maigre est donc frustrée. Ceci expliquant sa très relative joie de vivre. Il semblerait en effet que les maigres soient davantage attirées par la pendaison que les grosses. On peut le comprendre sur le plan strictement pratique quand on imagine la scène de désolation qui suit la pendaison d'une grosse : poutres arrachées, jambes brisées, éclats de plâtre sur le parquet...

Alors pour tromper son ennui, la maigre salope torture ses semblables : maîtresses d'écoles tyranniques pour les plus jeunes ; maîtresses chanteuses quand ils vieillissent ; mannequins inabordables au tour de tête himalayen (fait d'autant plus navrant qu'elles sont généralement d'un vertigineux vide qui fait prendre conscience de la pleine signification de la notion d'infini) ; guichetières méchantes ; Elena Ceausescu ; championnes cyclistes qui nous emmerdent l'existence avec leurs histoires stériles de pipi aux hormones alors qu'on est à table ; conjointe (en un seul mot pour la typo) hystérique ayant la fâcheuse habitude de faire un transfert sur le personnage de Virginia Woolf durant les heures normalement dévolues aux tâches ménagères — à moins que la scène de ménage, agrémentée de moult braillements aptes à réveiller Elena Ceausescu, soit considérée comme une tâche ménagère, bien que cette dernière occupation toujours agréable pour le voisinage devienne dans certains ménages plus fréquente que le nettoyage de la vaisselle — ; chef de service pète-sèche, pâle adepte de l'humiliation publique de ses subordonnés, diffamatrice de compétition, mal embouchée, mal baisée notoire (certains diront que c'est la même chose) et sadique véritable sans doute nostalgique du bon vieux temps durant lequel l'esclavagisme était signe de civilisation et de bon goût — à la condition expresse de ne point mélanger le nègre avec les teintes fuchsias du grand salon, de préférer un jaune pendant que le nègre fera la vaisselle à l'office — ; abrutie de spots publicitaires répétant quarante-sept fois en l'espace de trente secondes avec l'air niais et satisfait de la poule venant de déféquer une jolie pendule Louis XVI l'exact intitulé d'une marque de couches-culottes pour son trisomique diarrhéique ; également à l'heure des repas, saintes nitouches de tendance allumoïdale déambulant en de si torrides tenues qu'elles seraient moins choquantes totalement à poil, puits d'injures montés sur pattes à l'adresse des malheureux mâles qui auraient l'audace de leur faire une réflexion ou d'esquisser le moindre geste d'amour et d'amitié à l'encontre de ces pouffiasses candidates au viol collectif au cas où ces poules en chaleur décidaient, le soir venu, d'aller remuer du croupion dans quelques cités de banlieue aux nombreux foyers Sonacotra; les manifestations de la saloperie contenue dans la femme maigre sont infinies. Chacun possède sa propre encyclopédie d'exemples et pourra compléter ce panégyrique dans lequel tous reconnaîtront une situation douloureusement vécue.

La maigre salope n'est pas mince sans raison. L'avarice qui la ronge en est une. La bonne chère est onéreuse : elle mène une vie ascétique. Pingre avec elle-même, pingre avec les autres. La salope qui nous occupe reproche à ses proches telle ou telle dépense d'agrément. Etouffante vipère! (Remarquons à ce propos que la grosse salope constitue a contrario un total panier percé.)

La maigre salope est persuadée que sourire fait grossir parce qu'elle a en tête le souvenir de Coluche ou de Raymond Devos. En conséquence de quoi nous pouvons formuler le théorème suivant : la maigre salope est bête ET méchante.

Aussi, devons-nous nous méfier de celles qui nous entourent et partir en courant et en remuant les bras au-dessus de la tête en lents mouvements rotatifs tout en éructant le cri aride du bûcheron ayant aperçu le loup que nous appellerons Paul sous l'Isère : « Lougabouyou, lougabouya ». (Cela dit, rien ne nous oblige à faire comme les bûcherons qui fument leur hache pour se calmer.) Une solution permet d'éviter cette situation extrême et gênante vis-à-vis de ses voisins. Elle prend un certain temps et consiste ingénument à gaver, telle l'oie du Périgord, la maigre salope dans le but de lui faire perdre sa taille de guêpe et son statut d'emmerdeuse patentée au profit d'un solide embonpoint qui la rendra tout à fait négociable auprès d'un émir de passage dans votre région. Surtout si le prix se fixe au poids. Car les grosses : n'oublions pas que l'émir adore... (voir chapitre précédent consacré aux grosses salopes).

8

La salope est sanguinaire

> « Personne plus que la femme ne trouve de joie à se venger »
>
> Juvenal

D'Agatha Christie à Mary Shelley en passant par Simone Weber, Surmonbideya Dada, épouse anthropophage du célèbre comique ougandais Idi Amin Dada, Charlotte Corday et Messaline : que de meurtres, de membres arrachés, découpés, mutilés avec une effrayante application, que d'objets tranchants ou contondants enfoncés au plus profond des abdomens, logés entre organes et viscères, que d'empalements, de scènes de cannibalisme, de thanatophilie, de « sternums sadiquement enfoncés pour introduire dans la plaie béante, tel un chirurgien ivre, une main sale qui remonte jusqu'au cœur pour mieux l'arracher, coupant les artères qui le retiennent avec un vieux couteau rouillé avant de le presser comme une éponge rougie au-dessus des yeux révulsés de son légitime propriétaire qui trouve encore curieusement la force de remuer les bras en mouvements syncopés au-dessus de la tête en poussant le cri aride de celui qui ne devrait pas tarder à la perdre car la scie est en marche pour s'attaquer à l'encolure. Un bonheur n'arrivant jamais seul, la psychopathe, car il s'agit d'UNE psychopathe, éprouve l'impérieux besoin de crever les yeux de sa victime qui n'en demandait pas tant. C'est dans un bruit de chambre à air soudainement percée que s'effectue l'opération ophtalmologique alors que la tortionnaire ivre de sang continue de racler l'orbite oculaire débarrassée de ce qui l'encombrait avec le bout de son tournevis également rouillé. « Scritch, scroutch, criii... », fait l'outil. « Haaaaa, Rhââââââ... Houuuuuu... », fait la victime. La scie s'insinue dans les chairs du cou, laissant échapper un impressionnant flot d'hémoglobine indiquant que les jugulaires viennent d'être sectionnées, puis le craquement caractéristique de la brisure des vertèbres cervicales ne laisse plus de doute sur l'imminence de la séparation de la tête du reste du corps. L'œil restant en place continue de remuer désespérément tandis que plus aucun son ne sort de la bouche. Crac final, bruit sourd d'une masse qui s'écrase sur le sol. La bûcheronne improvisée délaissera pourtant le tronc pour saisir la tête par les cheveux avant de la catapulter de toutes ses forces contre le mur blanc sur lequel elle s'écrase telle une tomate trop mûre, laissant un rouge impact d'éclats osseux mêlés aux morceaux de cerveau disséminés ici et là, tandis que l'élément le plus liquide que contenait cette cavité crânienne, gravitation universelle oblige, dégouline lentement vers le sol sur lequel repose déjà le plus gros de ce qui était voici encore quelques instants une tête bien pleine. Fière de sa performance, Jennifer enfonce —

tel l'alpiniste plantant son petit fanion, sommet vaincu, sur la blanche neige éternelle — son tournevis dans l'ouverture du cou rougi, entre la moelle épinière, les ganglions cervicaux et la carotide... Elle est heureuse et s'en va déjeuner d'un bon et revigorant plat de tripes à la mode de Caen... Cet après-midi, elle rejoindra un autre amant... » Ça va, vous avez encore faim ? Nous devons ces lignes impérissables à Marguerite Boutboul, célèbre femme écrivain de la première moitié du XXe siècle. Ses écrits restent encore étudiés dans les écoles de boucherie-triperie-charcuterie. Cette entrée en matière (humaine) pour nous prouver, s'il en était encore besoin, jusqu'à quel point peut s'élever la fureur sanguinaire qui s'échappe de la salope. Pour nous en convaincre encore davantage, ouvrons n'importe quel quotidien à la page des faits divers, même si nous sommes en été. Qu'y apercevons-nous ? Une majorité de crimes, tous plus horribles les uns que les autres, dont la victime reste souvent l'époux, et l'assassin sa tendre épouse. Les statistiques du ministère de l'Intérieur l'attestent : vous avez plus de chances d'être refroidi par votre épouse que par de vulgaires assassins de rues. Et parions, dans ce dernier cas, qu'une créature de sexe féminin se terre dans le gang. A qui profite le crime ? Cherchez la femme. Tout Maigret en goguette commence par se poser ces deux questions avant d'ouvrir une enquête digne de ce nom.

Distinguons, parmi les salopes sanguinaires, les frileuses qui incitent, sans mettre directement la main à la pâte (brisée), des autres qui y vont carrément de la machette.

Nous distinguerons encore la violence physique,

certes douloureuse, de la non moins éprouvante torture morale que ces salopes nous infligent à longueur de journée sans pourtant finir en prison, tout en continuant pour les plus vénales à toucher 20 000 francs à chaque passage (à tabac). Les hommes sont parfois si cons.

Regardez ce que ces salopes font endurer à ce pauvre SAS qui pourtant déjoue quotidiennement quelques guerres thermonucléaires. Considérons donc que le prince Malokouy en a vu d'autres que ces petites pouffiasses mi-nues sous leurs combinaisons de caoutchouc noir, troubles agentes à la solde des soviétiques placées sur son chemin pour le pervertir et l'anéantir. Telles des mantes religieuses qui dévorent leurs amants après l'acte, ces salopes de louves des steppes attirent Malokouy dans leur lit, ou dans leur hélicoptère, sous-marin nucléaire, fusée spatiale, Trabant 57 ; dans le but d'y opérer un savant strip-tease (généralement limité au simple enlèvement de la combinaison de caoutchouc noir ci-devant évoquée, au son des Chœurs de l'armée Rouge) agrémenté de force ondulations fessières, s'achevant par le déshabillage en règle de Malokouy.

La scène de fornication qui s'ensuit reste d'une banalité à pleurer, rythmée par quelques cochonneries décriées en russe tandis que Malokouy raconte les mêmes horreurs dans un langage nettement plus capitaliste. Quand la louve moscovite sent l'abandon de Malokouy imminent, elle s'empresse, tout en continuant de feindre l'extase, de saisir, ici, une mitrailleuse lourde qui passait dans le coin, là, un poignard sans doute abandonné par Rambo dans l'affolement de son rhabillage, Adrienne passant dans les parages, là-bas une capsule de cyanure comportant un aigle sur le dos, ne laissant aucun doute sur ses origines, ou encore une grenade offensive dégoupillée qu'Anna Salopovitchsky, surnommée dans sa région la chienne de Verkinovogorabourg-Berditcheva, avait précedemment placée entre ses cuisses dans le but de nuire.

Mais Malokouy, qui n'est pas le dernier des cons, armé d'une certaine expérience de la salope malgré le fait qu'aucune de ses ex-maîtresses ne soit aujourd'hui là pour en témoigner (et pour cause ainsi que nous allons le découvrir incessamment), Malokouy, qui se méfie de ces garces qui n'en veulent qu'à son corps pour mieux l'envoyer en l'air (plus précisément dans l'enfer capitaliste), se méfie donc et s'aperçoit toujours au dernier moment, ici, du peloton d'exécution placé à douze pieds de lit de lui, là, de la grenade offensive ou encore du poignard abandonné sur la table de nuit, etc. Dans un mouvement plus rapide que l'éclair, Malokouy parvient toujours, fort heureusement pour son assureur sur la vie, à retourner la situation dans le bon sens — que nos amis gays se calment — pour, ici, transpercer Anna Salopovitchsky de douze trous supplémentaires par l'action — ce qu'Elena Ceausescu, paix à son âme, nommait « les douze trous de minuit » — simultanée des douze pétoires, remarquons-le, encore fumantes après avoir, elles aussi, tiré leur coup ; là, enfoncer la grenade dans le string d'Anna après lui avoir pieds et poings liés, comptant sur la mauvaise composition des strings soviets qui se détendent invariablement après quelques heures de force, ce qui ne manque pas de faire fonctionner la goupille. La confirmation des savants calculs de Malokouy lui vient quand il entend la déflagration d'une violente explosion aux retombées sanguines, organiques et caoutchouteuses ; s'en tirant encore, là-bas, en arrachant le poignard (dit « de survie », comme le cynisme des gens est amusant) des mains d'Anna : « attention, chérie, vous allez vous faire mal ! » et de prouver ses dires en lui plantant sauvagement dans le sterno-cléido-mastoïdien pour redescendre jusqu'à l'aine, dessinant une boutonnière des plus harmonieuses au grand dam d'Anna, maintenant en train d'opérer de grands mouvements rotatifs les bras tendus au-dessus de la tête, en poussant le cri aride de la salope sanguinaire prise à son propre piège : « Baboochkoyoïdo — babouchkayoïda, kalinko-Kalinka... » alors que Malokouy en était à désolidariser le foie d'Anna du reste de son corps, histoire de ramener un souvenir de cette délicieuse compagne dans son manoir campagnard. Nous l'avons vu, la femme est donc cruelle et sanguinaire. Comment oublier encore les exactions sanglantes et cruelles de la Belle de Cadix, spécimen de garce ibérique incapable de parvenir à l'orgasme autrement qu'en visionnant l'amusant et coloré spectacle — en rouge principalement — du taureau agonisant sous des kilos de brochettes décorées pendant que le boucher local, en grand habit de lumière, achève sauvagement le sombre mammifère à coups d'épée avant d'en remettre la queue et les oreilles à la salope susnommée. A ce propos, si la Belle de Cadix trouve une certaine utilité dans le fait de posséder une queue de taureau chez elle, pouvant s'expliquer par son pouvoir de suppléer aux manquements de son toréro d'époux accidenté lors d'une malheureuse corrida.

(Pourquoi, d'ailleurs le taureau ne remporta pas ce jour la queue et les oreilles du Beau de Cadix puisque c'est lui qui gagna, d'autant que son malheureux adversaire n'en aurait plus à présent l'utilité, celui-ci étant par ailleurs sourd de naissance ?) Si l'on peut comprendre les raisons qui poussent la Belle de Cadix à garder la queue de la bête, donc, on comprend difficilement l'usage qu'elle réserve aux oreilles dont les vertus décoratives ne sont pas probantes...

Non, croyez-moi, la Belle de Cadix n'est qu'une petite ordure. Il serait plus juste de l'appeler dorénavant « la Poubelle de Cadix » en attendant qu'un toro bravo ne venge ses frères d'un savant et bien placé coup de corne bien aiguisée entre les ovaires. Au moins le matador, même quand il est réveillé, pourrait s'amuser le matin devant sa glace en contemplant ses propres cornes...

Excellente transition pour aborder le chapitre des crimes passionnels. Lesquels, jusqu'à preuve du contraire sont majoritairement l'œuvre de salopes jalouses. Dans crime passionnel, on trouve bien le terme « crime ». Le complément n'étant qu'invention d'avocats de la défense pour permettre à leurs clientes de bénéficier de circonstances atténuantes. Ainsi peuvent-elles récidiver avec le nouveau. Ha ! Si cette magique notion de crime passionnel avait existé au début du siècle, messieurs Landru, Petiot et autres responsables d'holocaustes auraient ainsi plaidé. Vous imaginez comme ça aurait fait désordre à Nuremberg ? « Z'était bassionnel, Monsieur le Brésident ! Gross malheur, Ach so, jawol mein herr... »

Crime passionnel donc. Le ménage moderne se protégera en évitant de conserver sous son toit des objets dangereux. L'homme moderne fera attention en prenant son bain. D'Archimède [1] qui y perdit la boule, à Marat qui y perdit la vie, en passant par Cloclo, un seul cri humide s'élève : « la propreté c'est pas la santé. »

Nous l'avons vu, jamais le proverbe « le malheur des uns fait le bonheur des autres » n'a été aussi bien illustré. La femme prend son plaisir en contemplant le spectacle de la souffrance des autres. La sexualité de l'homme est rythmée par l'éjection régulière de sa semence, celle de la femme par des pertes de sang. La femme sanguinaire qui ne veut pas se salir directement les mains pousse alors l'homme à commettre des horreurs à sa place. C'est le cas de mesdames Thatcher, Ceausescu, Marcos, Dracula, Pinochet, Pot, Himmler, et toutes ces anonymes, lâches sorcières assoiffées de sang, abjects vampires diurnes. Sachons nous défendre : transperçons ces salopes à grands coups de pieu (mais ça peut être fait ailleurs qu'au lit), sans nous laisser impressionner par leurs cris déchirants, équipons-nous de crucifix et de gousses d'ail… Résistons à leur maudite emprise. Elles ne nous inoculeront pas impunément leur infâme venin. Tel SAS, sachons leur dire non, flinguons-les avant qu'elles aient notre peau, nos os, nos muscles, organes, sang, nerfs et viscères. Elles sont ignobles et impitoyables. Pas de quartier ! Sans sommation ! Les prisons et les cimetières regorgent de mâles qui n'ont pas su refuser un petit plaisir sanglant à leur bien-aimée… On commence par le canard au sang et on finit en sang dans les canards !

1. A l'intention des typographes gays, j'ai bien écrit Archimède avec un m, et ce n'est pas parce qu'il ressentit une poussée de bas en haut qu'il faut ajouter des p à tort et à travers… Vu ?

Attardons-nous maintenant sur la salope sanguinaire dans un sens intérieur, hémorragique en quelque sorte... Elle constitue le modèle le plus répandu de cette population, et aussi causant les plus grands dégâts. Chaque jour qui passe, chacun de nous tombe sous le joug d'une immonde sangsue appartenant à cette caste de maudites.

Comment reconnaître que l'on a affaire à une salope de type sanguinaire ? A priori, rien physiquement ne la distingue de ses consœurs [1] : aucune trace de sang n'apparaît aux commissures des lèvres. Sa soif hémoglobineuse se caractérise sournoisement par cette indicible soif de répandre le mal jusqu'à acculer au suicide les plus joyeux drilles de la création.

Chaque saloperie que réalise ce type de créature enfonce toujours un peu plus le clou de la vie de sa victime. Réflexions désagréables et blessantes, tracasseries quotidiennes, obligation de visionner certaines émissions de télévision, acharnement anti bonne humeur et autres obligations de ranger la cave, le grenier ou le bureau à quatre heures du matin, café froid le matin, vin chaud le soir, harcèlement sexuel de la part de l'ignoble chef de service, scènes de ménage à répétition, scènes de bureau pour le tertiaire ou d'atelier pour les cols bleus : ces choses de la vie se transforment rapidement, quand elles sont consommées sans modération, en choses de la mort car elles sont facteurs de stress, de tracas, de cholestérol, d'ennui, de maladies cardio-vasculaires causant l'hécatombe que l'on sait et de cancers pour envoyer ad

1. A l'intention des typographes : vous l'écrivez comme vous le souhaitez, ça signifie la même chose !

patres ceux qui auraient réchappé aux infarctus ci-devant évoqués.

Alors, si vous voulez devenir vieux, fuyez-les avant qu'il ne soit trop tard. Ces immondes hyènes trouveront bien d'autres victimes à se mettre sous la dent. Ou essayez de les domptez, apprenez-leur les vertus du végétarisme. Si vous échouez, ces abominables vous croqueront ! En tout cas vous serez prévenu.

« Que la salope sanguinaire boive ce sang impur qui l'étouffera au plus profond de ses entrailles dans lesquelles j'irai plonger la main pour en remonter le foie, à condition qu'elle en possède l'esquisse d'un (ne dit-on pas qu'elle est sans foi et sans loi ?). Là, je découperai cette masse gluante et nauséabonde d'un sec coup de dents, je ne me laisserai pas impressionner par ses cris gutturaux. La bête immonde doit définitivement être terrassée. Ses mains tremblantes s'agripperont aux miennes pour m'empêcher de poursuivre ma mission. Je poserai posément le bras gauche sur un tabouret et en trancherai la main à la hauteur du poignet d'un brusque coup de hache. Du moignon s'échappera en jets discontinus rythmés par les palpitations cardiaques ce geyser écarlate que tu aimes tant voir chez les autres, jusqu'à t'en rougir les yeux. Tes beaux yeux bleus qui ne sont maintenant plus qu'un puisque du coin de la hache, je viens de t'arracher le droit, misérable olive pendouillante. Alors, je te fendrai la gueule, cette ultime trépanation ne t'ouvrira certes plus les yeux mais te fera prendre conscience du martyre que tu infligeas toute ta vie à tes semblables. Dans la félure ainsi réalisée, alors que tu hurleras toujours plus fort, mon amour, je tremperai le bout d'une de tes côtes que j'aurai précédemment arrachée dans un bruit de bois sec. Je t'en remuerai l'encéphale dans un bruit de matière gélatineuse qu'on triture, puis quand je verrai tes convulsions saccadées se calmer quelque peu, juste avant d'entendre ton dernier soupir, ma chérie, je t'introduirai cette côte dans la bouche pour que tu puisses goûter à la saveur infâme de ta cervelle. Puis je déroulerai ton gros intestin pour en poser quelques mètres autour de tes épaules. Pour finir, je t'empalerai avec ce pic à glace froid et rouillé. Ainsi fermeras-tu ton dernier œil le cou au chaud et le cul au frais. Bonsoir ma bien aimée... » (Raymondo de la Renta, « Les Fleurs du mâle », 1967).

« Que pourrisse ta chair orgueilleuse jusqu'à ce qu'elle se détache en miettes et laisse tes ossements à nu pour la risée des hommes ! »

Camille Lemonnier, 1892

9

La salope est ennuyeuse

> « Il y a des femmes que l'on n'écoute que d'un œil »
>
> Gilbert Cesbron

Pléonasme ! s'écriront les plus virulents, ceux dont la lucidité brille en eux de mille feux, comme la lumière du phare encercle de sa douce protection le port d'Auckland dans la chaude moiteur de cette soirée crépusculaire dont les vagues pacifiques nous bercent en de si émouvantes brisures d'écume...

De son côté, la femme est chiante. Elle n'est pas intéressante, aussi est-elle ennuyeuse. Marguerite Duras ne nous contredira pas sur ce point. Tenez, laissez-moi le plaisir de citer, de mémoire (citation pouvant comporter quelques erreurs — ou améliorations dans une vue objective — par rapport au torch... par rapport au texte original) un morceau choisi de son indicible œuvre : « Matin, c'est. Le bruit, il n'y en a pas. Encore. Ils dorment tous. Pourquoi ils dorment tous ? Pourtant, des ronflements, y'en a pas et la fenêtre de la chambre, oui, la chambre. Hé bien, la fenêtre, peut-être que oui, la fenêtre de la chambre. Non, elle est fermée. Elle se lève et va l'ouvrir. La fenêtre qui, fermée, elle l'est toujours. Pendant ce temps, lui, il dort encore. Ho ! le beau mérite, elle se dit à elle-même pendant que le vent, il dort pas et la ferme. La fenêtre. Lui, il se réveille et l'ouvre. Pas la fenêtre : il veut parler, mais la fenêtre qui était restée longtemps ouverte l'en empêche. Alors, il aurait bien voulu dire à elle qu'il valait mieux désormais qu'elle la ferme pour ne pas le réveiller quand il dort. Mais le dire, mon amour, Hiroshima, Nagasaki, Lille-Roubaix-Tourcoing, il aurait voulu mais il ne le peut pas. Alors, la fenêtre, il la ferme et pour se calmer, lui il s'approche de sa femme, et dans elle, il lui envoie un grand coup de batte de baisse-baule sublime. Forcément sublime, en pleine poire. La fenêtre, elle aussi, elle bat... »

Vous ne dormez pas ? Alors poursuivons... Finie la rigolade et intéressons-nous aux autres manifestations de l'ennui que nous distillent quotidiennement les salopes de tendance inintéressante. Il est d'ailleurs amusant de constater que plus elles sont emmerdantes, plus géniales elles s'estiment. Comme certaines actrices de cinéma incapables de communiquer normalement sous peine de passer irrémédiablement pour ringardes. Ce qu'elles sont par ailleurs. Elles déclament les plus grandes niaiseries en empruntant des termes d'autant plus tarabiscotés que le plus souvent, elles n'en comprennent même pas le sens étymologique. C'est pour le son. Ça fait chic. Et passons sous silence leur misérable accent sorti d'on ne sait où, supposé incarner ce qui se fait de plus distingué depuis l'invention du cinéma parlant.

Tenez, rions encore un peu au détriment d'une de ces emmerdeuses qui nous pompent l'air depuis des lunes. Par charité chrétienne, nous passerons son nom sous silence pour ne pas faire de peine à ses parents qui la croient encore prostituée chez un fabricant de pianos. La salope disait : « Aujourd'hui, je me saisis des mots des autres pour les engouffrer en moi-même. Mes enfants — poursuit l'andouille — je les ai eus dans un désir inconscient... » Et pour acheter son pain, cette conne s'irradie du désir ventriculaire qui la pousse irrésistiblement en direction d'un Graal aux formes tubulairement phalliques ?

Basta. Cessez donc de nous rouler dans la farine et, si chaque son qu'émet votre bouche devait demeurer aussi désolant, reconvertissez-vous dans la pétomanie. Au moins les vents qui souffleront ne seront point dénués de fondement.

Car la voilà votre faiblesse tenant du péché originel : vous n'êtes pas intéressantes. Tenir une discussion avec vous relève du cauchemar et de l'exploit. Les minutes paraissent compter pour des heures, des siècles des siècles. La bienséance nous contraint à subir vos débordements verbaux sans broncher alors qu'une seule envie nous traverse l'esprit quand vous n'êtes physiquement pas trop esquintées : vous remplir la bouche pour ne plus entendre vos inepties. Même le plus endurci des moines trappistes revenant d'une retraite de trente années en cavité rocheuse repartirait dans son trou, en courant à en perdre ses sandalettes, après seulement quelques malheureuses minutes passées en votre compagnie, prier Dieu pour le salut de votre âme, les bras dressés en lents mouvements ellipsoïdaux au-dessus de la tête, tout en poussant le cri aride du trappiste en proie au doute : « E vade retro tête de naze, Pourquoi avoir créé ça ? Youpoupidou, Yapoupida, Goulougoulou... »

Entendre vos litanies incessantes et stériles sur le temps qu'il faisait, la pluie qui tombe aujourd'hui et le beau temps qu'il fera demain nous casse les pieds et les..., et nous cause de monstrueuses céphalées. Vos propos sont creux et vides, à l'instar du contenu de vos têtes. Pour vous Toulouse-Lautrec se solde invariablement par la victoire de Toulouse sur un score de 4 à 3. Vos esprits sont aussi étroits et enclins aux divines divagations qu'une clé à molette. Ho ! Vous n'avez même pas l'excuse de friser le génie dans un cartésianisme étincelant. Vous êtes incapables d'aller acheter une botte de poireaux sans vous faire arnaquer sur le prix ou sur la qualité du légume qui vous est vendu. Votre incommensurable sottise n'a d'égale que l'incurable bouillon d'inculture dans lequel vous vous complaisez, comme baigne la truie dans sa nauséabonde fosse à purin. Plus vous êtes laides, normalement, plus votre conversation devrait être brillante, pour rattraper ici ce que vous perdez là, dans un louable souci d'établir un juste équilibre entre les nourritures terrestres et cérébrales. Malheureusement, j'ai bien peur que ce soit l'inverse. Sois belle et tais-toi. Sois moche et ferme-la.

Quand vous parlez art, vous ressortez incorrectement, tels des perroquets sans queue, les propos appris par cœur, ici, dans des journaux, là, piqués à la brillante conversation d'authentiques esthètes. Cantonnez-vous à ce que vous maîtrisez, à savoir vos réflexions mesquines de femmes de ménage en goguette au « Café du Commerce » sur la fraîcheur du poisson (entre morues, vous devriez y parvenir sans difficultés en ne maltraitant pas trop la syntaxe), les qualités physiques du jeune premier, héros du film passé la veille à la télévision, les couleurs du chemisier de la speakerine, les qualités comparées des différentes marques de couches-culottes, vos maux d'estomac et le comportement sexuellement trouble de monsieur Marcel, votre chef de service... Vous aborderez les jours de grande forme le cocufiage de ce pauvre Barnabé et vous apitoierez impudiquement sur les problèmes de santé de cette malheureuse Monique. Hors de ces thèmes, point de salut ! Vous êtes vulgaires, c'est-à-dire sordides. Confondantes de trivialité, chacune de vos paroles est un déluge de lieux communs. Incapables de la moindre invention, indignes d'accéder aux délices des subtilités du langage, l'étendue de votre vocabulaire se limite à quelques dizaines de mots dont l'emploi ne vous honore pas. Vous confondez cependant grossièreté et vulgarité. Rassurez-vous, vous êtes orfèvres en ces deux disciplines. Totalement imperméables aux choses de l'esprit, vous demeurez tragiquement réfractaires à toute forme d'étonnement. Votre curiosité est toujours mal placée. Elle est curieusement inexistante sollicitée à bon escient, quand il s'agit d'obtenir davantage de détails sur une information nouvelle et intéressante, de relancer le brillant orateur pour savourer le plaisir d'être toujours surpris. Car voilà, vous feignez d'être blasées alors que vous êtes trop abruties pour être quelque part frappées — excepté par d'adroits uppercuts — de l'étonnement de celui qui sait faire la part des choses, hiérarchiser mentalement les choses de la vie, faire la différence entre la 7e de Ludwig Von et le septième et dernier quarante-cinq tours de David & Jonathan, discerner les choses rares de la merde qui nous entoure. Malheureusement, vos esprits en sont remplis. Il faut vous voir écouter un brillant discours, pour acquiescer d'un hochement de tête entendu aux fins de phrases. Cependant, vous ne trompez personne à part vos compagnons et nous savons pertinemment que, de ce discours, vous n'en pigez pas un mot. Le langage imagé vous échappe totalement et l'allégorique représente à vos yeux bouffis le cri d'encouragement adressé au fameux footballeur Ric Hyki. Avec vous, le monde est irrémédiablement plat. Comme votre encéphalogramme. Votre manque de curiosité, les limites que vous vous êtes fixées dépassant rarement le bout de votre appendice nasal, transposées au siècle des lumières, il n'aurait fait pour vous aucun doute que la terre fût plate. D'ailleurs, vous vous en foutez. Vous n'êtes qu'un profond puits d'ennui pour ceux qui vous côtoient. N'abordons pas le naufrage de ce qui n'est que l'embryon du semblant de votre culture. La seule que vous reconnaissez pleinement est celle des légumes de votre espèce. Votre littérature se compose de navrants fascicules de halls de gare teintés à l'eau de rose — dans le meilleur des cas, quand vous ne vous adonnez pas aux romans photos ou à Marguerite Duras —, la grande musique, comme nous l'avons vu plus haut, reste à vos oreilles enfarinées cantonnée à la guimauve approximativement variétisante et authentiquement abrutissante, votre cinéma, c'est « Rambo » ou la soixante-seizième diffusion du « Gendarme de Saint-Tropez » à la télévision, et la peinture, c'est Ripolin ou Avi 3000. Bref, vous restez réfractaires à l'art des brillantes conversations — dans ce domaine il est prouvé que vous préférez la quantité à la qualité —, aux échanges d'idées, au rire intelligent et en général à tout ce qui sépare l'homme de la bête. Car, dans tous les sens du terme, bêtes vous êtes et bêtes à pleurer vous restez. Vous ne reconnaissez que le premier degré des choses. Vous demeurez terriblement ordinaires. En conséquence les portes de l'extraordinaire vous sont à jamais closes. Tant mieux pour lui, vous ne viendrez pas le souiller de votre saleté d'esprit.

Dînons face à un kangourou que nous appellerons Marie-Thérèse.

Plaçons désormais la conversation sur le plan de la chimie moléculaire ou des derniers rebondissements géopolitiques qui agitent la planète.

Qu'apercevons-nous ? Marie-Thérèse écoutera en remuant des oreilles, plongera régulièrement la patte dans sa poche ventrale, mais jamais, au grand jamais, Marie-Thérèse ne relancera la conversation pour l'enrichir. Pis, Marie-Thérèse semble s'ennuyer, ce qui est également le cas de son interlocuteur, brillant chercheur au CNRS.

Remplaçons maintenant la femelle kangourou par une pulpeuse blonde australienne (mais elle peut être française, l'expérience n'en sera pas perturbée) que nous appellerons Skippy en souvenir de sa marque de lessive préférée, celle qui lave encore plus blanc comme une abrutie le lui disait à la télé.

Plaçons désormais la conversation sur le plan de l'évolution des kangourous en Nouvelle-Zélande ou sur les derniers rebondissements géopolitiques qui agitent toujours la planète.

Qu'observons-nous ?

Skippy écoute attentivement l'exposé du jeune et séduisant chercheur du CNRS, hoche régulièrement la tête d'un air entendu, plonge à espaces réguliers la main dans son sac à main d'où elle extrait son poudrier, mais jamais, au grand jamais, Skippy ne relance la conversation pour l'agrémenter de pertinentes réflexions à l'humour glacé et sophistiqué. Pis, elle réclame du rab de purée...

Depuis qu'il tenta cette expérience, le jeune chercheur du CNRS se néglige et parle aux murs...

Pourtant, Eugène Beaumont qui n'était pas chercheur au CNRS isola un point commun entre la femme et le kangourou : « A 20 ans, la femme n'a pas les yeux dans sa poche, à 40 ans elle a les yeux dans vos poches. A 60 ans, elle a des poches sous les yeux... »

Tandis que Joséphin Péladan disait avec justesse et sensibilité : « Tyran à mépriser, la femme vibre à tout, ne raisonne à rien, inconsciente dans la sublimité et dans la boue, elle reste éternellement réfractaire à l'idée. » Baudelaire qui entre-temps n'était pas devenu con ironisait sur « l'énervante sottise, l'irritante médiocrité des femmes », quand il ne les trouvait pas « abominables et toujours vulgaires ». Le feu d'artifice ne s'arrête pas là, Joris-Karl Huysmans se penchait, mesdames, sur votre « impitoyable saleté d'âme ». Jean Moréas surenchérissait avec ce compliment : « Dévoratrice absurde, ignoble et solennelle. Qui sucez notre vie et videz nos cerveaux... »

Vous êtes malheureusement si sottes que peut-être voyez-vous en ces lignes quelques compliments... votre saloperie s'exerce inconsciemment. En votre compagnie, nous perdons de notre précieux temps. Vous nous agacez, votre arrogance n'a d'égale que votre grosse tête vide. Votre complexe d'infériorité devient cet intolérable complexe de supériorité. Calmez-vous. Redécouvrez les vertus des bains de siège qui réussirent si bien à leur instigatrice, laquelle, depuis qu'elle se trempe le cul dans l'eau froide cesse de nous ennuyer en éructant dans un micro avec le fol espoir d'en sortir quelques sons harmonieux. Cessez de nous ennuyer, vous vous ennuierez moins dans votre petite vie... Incitez-nous à nous surpasser. Un peu d'émulation. Redonnez-nous le goût de l'effort. De votre faute, nous nous empâtons l'esprit jusqu'à devenir à votre image. A vos côtés, nous regardons la « Roue de la fortune » et nous retrouvons lobotomisés avant l'âge. Ne nous entraînez pas dans ce tourbillon mortel. Sachez que s'élever, ce n'est pas toujours prendre l'ascenseur...

Souvenons-nous en conclusion de la réflexion pleine de philosophie et de désillusions que ce producteur de cinéma lança au monde pendant qu'il caressait nonchalamment [1] les fesses d'une starlette : « Si tout ce qu'elle a dans le cul pouvait se trouver dans la tête... »

1. A l'intention des typographes auvergnats, j'ai bien écrit « nonchalamment », terme résolument pas synonyme de « mon amoureux mal lavé ».

10

La salope (se) conduit mal

> « Si les femmes n'avaient que les défauts que les hommes leur prêtent, elles seraient bien près de la perfection »
>
> Louise de Vilmorin

Comment ne pas se souvenir du fringant sex-symbol que fut James Dean hurlant à la cantonade les mains placées en porte-voix devant son orifice buccal : « Femme au volant, la mort au tournant » en refermant la portière de sa Porsche jaune canari quelques instants avant de la compresser contre un platane, comme le fera plus tard César en copiant la géniale trouvaille du jeune et précurseur artiste-sculpteur américain.

Car il est clair que l'automobile, comme l'intelligence, n'est pas le fort de la femme. Dans les balbutiements de l'auto, des sommités médicales avaient pourtant formulé de sérieuses mises en garde, prévoyant moult descentes d'organes, rétrécissements des seins et autres dérèglements aux imprudentes qui oseraient emprunter l'automobile à moteur à explosion. Un siècle plus tard, qu'en reste-t-il ?

Des divisions armées de dangers publics en totale liberté roulant sur nos routes de France. Assassins à roulettes, dûment munies de leur permis de chasser alloué par quelques examinateurs alcooliques ou saoulés par le pouvoir hypnotique de ces salopes aux minijupes impudiquement remontées pour laisser une plus grande liberté de mouvement aux jambes, et *a fortiori* aux pieds. Malheureuses pédales. Et le débardeur largement échancré, c'est pour laisser un plus grand champ de manœuvre aux nichons pour nettoyer le pare-brise ? Je m'emporte...

Allons plus loin dans notre analyse : savez-vous de quelle façon se reconnaît le véhicule d'une salope motorisée à une voiture d'homme ? Tous les carrossiers vous le confirmeront : à son état général lamentable se situant entre les bidonvilles de Calcutta pour l'intérieur et le faciès de sœur Isabelle pour l'aspect extérieur : bref, dégueulasse et cabossée de partout. La femme ne sait pas plus se conduire avec sa voiture qu'elle sait la conduire. Chaque trajet avec une chauffarde au volant se transformant en partie de stock-car improvisée, les plus prévoyants préféreront goûter aux joies du train, de l'avion, du pédalo ou de l'autocar.

Observons une salope lambda au volant de sa voiture (en tous cas pas la mienne). Chaque coup d'œil au rétroviseur devient rapidement prétexte à de longues stations d'observation de la stabilité du rouge à lèvres, bleu à paupières, rimel, etc. Notez l'excellente stabilité de l'œil au beurre noir après impact pour faute d'inattention (on ne peut avoir l'œil en même temps sur son rimel qui coule et sur le

40 tonnes de vin italien arrivant à vitesse supersonique en sens inverse, d'autant qu'on se trouve malencontreusement sur sa file...).

Quand elle ne se mire point dans son rétroviseur, la salope mauvaise conductrice ne regarde pas plus la route sur laquelle, comme par miracle, l'automobile semble encore adhérer — performance d'autant plus remarquable que les pneus sont aussi lisses que l'encéphalogramme de Francis Lalanne. Que nenni, la salope mauvaise conductrice préfère admirer les vitrines, au détriment de la signalisation tricolore. Heureusement que piétons, groupes d'enfants et autres obstacles naturels sont généralement là pour arrêter le bolide lancé à toute allure en direction du carrefour sur lequel s'engage ce fameux 40 tonnes de vin italien...

Se trouver positionné derrière leur tas de tôle constitue une folle imprudence quand on sait qu'une fois sur deux, sur trois pour les plus douées, ces empotées du manche confondent allègrement la position de la première avec celle de la marche arrière, pour la plus grande satisfaction des platriers, kinésirééducateurs et fabricants de prothèses de tout poil et de tous membres.

Nous passerons rapidement sur l'air inspiré de ces expertes quand vient le temps de changer un pneu crevé et nous ne plaisanterons pas graveleusement sur le ridicule de leur situation quand ces dames se trouvent avantageusement courbées, penchées en avant la tête dans le moteur, cultivant le vil espoir de remédier à une panne mécanique, ainsi offertes à tous les outrages...

Si la femme au volant, telle que nous l'avons

étudiée, constitue un réel danger pour ses contemporains, elle reste aussi dangereuse par sa conduite en société.

Mais commençons par le commencement. Quelle différence existe-t-il entre savoir conduire et savoir se conduire en société ? Question subsidiaire : la femme en est-elle capable sans emmerder ses semblables bipèdes ?

Une voiture bien conduite se déplace harmonieusement d'un point à un autre sans heurter ceux qui se trouvent sur son passage. Se conduire en société, c'est la même chose, mais à pieds. Pourtant, la mauvaise conductrice ne craint aucunement de gêner son entourage, voire de le dégoûter, par exemple en mangeant bruyamment avec les doigts. Cette salope insortable ne peut s'empêcher d'émettre d'horripilantes réflexions, ayant pour effet d'embarrasser au plus haut point son accompagnateur. Combien de carrières, combien de capitaines, furent sottement brisés de la sorte ? Doigts dans le nez, récit détaillé et scatologique de leurs problèmes gastro-digestifs, épanchements mégalo-narcissiques, et autres fautes de comportement rythment les misérables existences de ces épaves, future viande à platanes, dévastatrices bombes à retardement montées sur pattes.

Bref, la salope ne sait pas se conduire. Alors quand certains amateurs de science fiction préconisent une femme pour conduire la société, disons halte-là ! La salope au pouvoir est pourtant une idée qui se répand comme une flaque de vomi sur le trottoir. Cependant, force est de constater que toutes les postulantes au dit pouvoir se sont toujours fait étendre — et les plus phallocrates de répondre que tel est leur destin —, de

Simone Veil à Arlette Laguiller en passant par Marie-France Garaud et les autres... La femme n'est pas plus douée pour le pouvoir qu'un hérisson pour gérer le stock de bouées de sauvetage d'un grand paquebot traversant l'Antarctique. Et ce, tout simplement parce qu'elle est incapable de concentration. On ne peut reluquer continuellement la carte des grands conflits géopolitiques en même temps que la tenue de sa mise en plis.

Regardons le triste martyre que vécurent quotidiennement la Grande-Bretagne de Margaret Thatcher ou la Roumanie d'Elena Ceausescu...

« Toute société qui se perd donne beaucoup d'importance aux femmes », disait André Suarès. Qu'ajouter de plus ? Ha ! Si les hommes savaient se tourner vers leur passé avant d'envisager un avenir vacillant... Jules César l'avait compris avec Cléopâtre, illustrant ce proverbe espagnol : « la femme, comme la mule, obéit aux caresses ».

11
La salope est égoïste

> « A propos des coutumes de l'Inde ancienne, il est sans doute révoltant que les veuves soient brûlées avec le cadavre de leur mari, mais il est tout aussi révoltant qu'elles claquent, après sa mort, avec leurs amants, l'argent que leur mari a acquis à la sueur de son front. »
>
> Schopenhauer,
> « Essai sur les femmes »

Vous n'êtes qu'une bande d'égoïstes narcissiques. Ho ! Je pèse mes mots aussi sûrement que vous passez des heures à vous jauger sur votre balance ou à vous scruter dans votre miroir. Vous rapportez tout à vous, seule votre petite personne vous intéresse et ce qui peut arriver aux autres vous indiffère de la même façon qu'un musulman de stricte obédience se contrefout de la hausse du prix de la viance de porc. Vous ignorez le sens du mot générosité et en vos esprits étriqués, tout est bon dans ce bas monde pour vous servir. Il peut y avoir des guerres, des épidémies de choléra, le retour de Francis Lalanne sur scène, du sang, des larmes et de la sueur : du moment que votre jardin se cultive, tout demeure pour le mieux dans le meilleur des mondes possibles. Si en plus ça vous profite, vous ignorerez le martyre des animaux de laboratoire, cobayes involontaires de vos cosmétiques, vous gaverez vos enfants d'immondices chimiques pour avoir quelques minutes de paix supplémentaire, avant qu'ils vous la fichent éternellement, et ferez de vos conjoints des zombis, morts vivants placés de force sous votre domination morale dans le sale dessein de devenir corps et âme vos dévoués. Vous aimez que les hommes s'entretuent pour vos yeux globuleux. Vous jouissez secrètement du spectacle de ces minables combats de coqs qui s'achèvent irrémédiablement par l'humiliation et l'arrêt cardiaque de l'un des protagonistes, à ce jeu con et stupide encore, hélas, fort répandu en nos civilisées contrées (principalement en entreprises dans lesquelles les bestiaux se livrent à de quotidiens combats pour conquérir la place de l'autre au détriment de la productivité de l'ensemble, pendant que les Japonais piquent nos parts de marché ; il reste plus rare d'assister à de singuliers duels dont l'enjeu serait la vertu d'une salope se limant les ongles pendant que ses soupirants s'étriperaient à fleurets non mouchetés). La souffrance d'autrui ne vous touche pas. Pis, elle vous stimule et vous excite, vous êtes définitivement sanguinaires (voir chapitre « La salope est sanguinaire »).

Instinctivement rusées et calculatrices, vous cultivez le citron, le pressez tant qu'il a du jus (c'est dégoûtant comme image) et le jetez impitoyablement quand ne subsistent que les pépins. Que nos amis asiatiques se calment, il ne s'agit que d'une métaphore indiquant combien nos compagnes sont menteuses et comédiennes pour rester le meilleur ami de l'homme tant qu'il présente à leurs yeux défaits quelque intérêt : voiture, téléviseur grand écran, bonne table, portefeuille raisonnablement fourni, logement spacieux, salle de bains accueillante et lit moelleux. Alors, tel le serpent, la salope égoïste inocule son infâme venin dans l'esprit de sa victime afin d'annihiler toute lucidité qui pourrait lui ouvrir les yeux sur l'imminence du pillage se préparant sous son nez, également anesthésié. Tous les stratagèmes sont bons pour l'endormir : petits plats au micro-onde (c'est moins fatigant, il ne s'agirait pas de pousser le bouchon trop loin), câlins de démonstration — ceinture après achat —, ménage impeccable — échantillon demeurant également sans suite durable —, et gentillesse permanente amadouant le mâle qui ronronne pendant que madame astique le gourdin qui assommera à jamais ledit pour le laisser les bras en croix. Pauvre crucifié... Au besoin les plus vicieuses jouent sur la corde sensible des hommes en affectant l'air égaré du pauvre oisillon tombé du nid. Pris de pitié, le mâle recueille l'oisillon qui se révèle rapidement être un redoutable et noir vautour affamé. Tous les travestissements sont bons à cette sombre entreprise de démolition : des talents de comédienne alliés à une parfaite maîtrise de l'art du mensonge permettent à n'importe quelle greluche de faire avaler toutes les couleuvres, y compris des pythons et autres boas constricteurs : « Je dois dîner chez ma vieille tante », « Pas ce soir, j'ai mal à la tête ! », « Tu es formidable, en fait, peux-tu me donner 800 francs pour prêter à ma vieille mère malade qui n'a plus les moyens de payer ses médicaments ? »... (ad libitum) Quand le piège est placé, la salope n'a plus qu'à ferrer pour se retrouver avec un esclave à son service qu'elle mènera par le bout d... que la salope contrôlera comme une marionnette. Elle l'incitera à commettre les pires audaces. En cas de succès, elle saura en récolter tous les fruits. En cas d'échec, elle partira vers d'autres cieux plus cléments, abandonnant sur place le cadavre encore fumant d'un mort vivant plus très vivace.

Car la salope égoïste n'aime personne. Son muscle cardiaque est fait d'un béton que ne renierait pas le grand Bouygues. Sa tête n'est qu'une grande caisse enregistreuse qui ne demande qu'à être tapée le plus souvent possible. Dissimulatrice et vénale, l'égoïste est sans doute la pire salope pouvant exister puisqu'elle cumule les travers de plusieurs branches de consœurs étudiées ici et là dans la présente thèse : paresse, avarice, mensonge, méchanceté, goût du sang, frivolité, vice, nymphomanie, bêtise, sadisme, folie, etc. Le bien-être de cette verrue justifie tous les mal-être du monde et de l'univers. Seul le luxe trouve grâce à ses yeux. Elle n'est pas, elle a. Elle traverse la vie comme on traverse un grand magasin. Pauvre sotte. Capricieuse par-dessus le (super) marché, cette répugnante créature n'hésite pas à empoisonner la vie (quand ce n'est pas la nourriture) d'autrui dans le but d'adoucir la sienne. Envies de fraises des bois à 4 heures du matin en plein hiver, brusque besoin d'écouter le dernier Florent Pagny également à 4 heures du matin, mais cette fois-ci en plein été, impérieuse obligation d'acquérir un manteau en fourrure en fin de mois (d'autant qu'elle ne travaille pas et que nous sommes encore en plein été), envie de se taper une bûche glacée à 3 heures du matin en plein mois d'août ou Robert à 4 heures... L'oscar en revient à Bernadette Laffont campant Camille Bliss dans « Une belle fille comme moi », monument cinématographique élevé à la gloire de la salope égoïste. Ennuyée d'avoir été trahie, la salope se réfugie dans les bras d'un pitoyable dératiseur, et très doucement, lui susurre avec insistance dans le creux de l'oreille, se frottant contre son épaule : « Vous allez bien me l'exterminer, monsieur Arthur ? » C'est effroyable...

Malheureusement, ce type de comportement est amené à croître toujours davantage tant que notre société recèlera toujours des pigeons qui se laisseront plumer en remuant la queue. Alors, ouvrez les yeux, mes frères, avec dérogation spéciale aux porteurs de canne blanche accompagnés de chiens. Devenez invulnérables. Exigez la séparation des biens sur le contrat de mariage. Ne vous laissez plus faire ! Elles ne nous piqueront plus rien ! Vœu pieux... quand on pense à ces saints hommes qui font vœu de pauvreté, d'obéissance et de chasteté avant d'entrer dans un ordre religieux. Finalement, nos ancêtres étaient moins laxistes face à l'épineux problème que vous incarnez. Regrettons la douceur de l'ancien temps durant lequel on savait vivre avant d'entrer dans la tolérante période de chienlit qui est la nôtre. Bref, on savait jadis enfermer les salopes de votre espèce dans des couvents bien isolés, pour que plus jamais la civilisation n'en entende parler. Construisons des couvents, que diantre ! Ainsi devrait-on contribuer à résoudre les douloureuses crises de foi dont souffre le monde moderne.

Revenons à la triste réalité d'aujourd'hui. Juste

corollaire de son comportement, la salope égoïste est seule. Qui sème le vent, récolte la tempête. Une solitude abominable et étouffante l'accable. De jour, elle brille aux éclats devant cette foule qu'elle méprise ; le soir venu, sonne l'heure de la détresse morale dans sa chambre aux tentures dorées. Alors, un soir, quand l'heure des voluptés sonne, vers les trésors de ta personne, j'aimerais comme un lâche ramper sans bruit. Et, à travers ces lèvres nouvelles, plus éclatantes et plus belles, te faire bouffer tes billets de banque jusqu'à ce que tu en exploses, immonde chacal puant ! Méprisant vampire aux dents gainées de préservatifs pour ne point te les abîmer ! Ignoble coffre-faible, future plus riche du cimetière, rate d'égout, cloporte dégoûtant, vulgaire tas d'os, abominable tube digestif ambulant aux dizaines de mètres de boyaux nauséabonds...

« Ce ne sont pas les putes qui manquent, c'est l'argent. » Proverbial monument de sagesse populaire qui devrait être enseigné dans les écoles durant les cours d'éducation civique à l'usage des futures générations. Plus jamais ça... Tirons la chasse.

12

La salope se vautre dans la luxure

> « On ne se marie pas pour faire l'amour. L'amour pour l'amour, l'amour pour le plaisir. Toute femme qui l'entend ainsi est une catin. »
>
> Proudhon

Haaaaa... Hooooo... La luxure... Les plus obsédés de mes lecteurs adorés auront, par avance, la langue pendante, regardé la table des matières afin de se rendre directement à l'endroit supposé être le plus croustillant de l'œuvre. Luxure : « abandon aux plaisirs de la chair [1] », nous enseigne le Larousse toujours aussi frileux. Que nos amis cannibales se calment, le plaisir de la chair prend ici un autre sens que je qualifierai de... que je demanderai au satyre du bois de préciser : « luxure, c'est baiser comme un taureau fou, trombiner tout ce qui bouge, dans tous les sens. La chair, c'est frais, c'est rose, c'est la lune dans le caniveau, l'oignon dans le... ». Remercions le satyre

1. A l'intention de nos amis typographes légionnaires, j'ai bien écrit « chair » et non « chèvre ».

du bois et entrons dans le vif du sujet. La luxure est le premier des péchés capitaux qui sont, rappelons-le, au nombre de sept. « Justement, c'est le nombre de convives idéal pour une... », ajoute le satyre qui revient par la fenêtre quand on le chasse par la porte. La luxure fait appel aux plus bas instincts humains. C'est pour cela que les femmes y excellent. La luxure est aux plaisirs de l'amour ce que la goinfrerie est aux joies de la gastronomie : un excès placé sous les signes de la saleté, de la quantité au détriment de la qualité et du manque de goût. La luxure, c'est le sexe bestial pour le plaisir de transgresser l'interdit, et aussi, convenons-en, pour la chaleur qui en découle dans le bas du ventre. La luxure est l'œuvre de Satan. Et je me garderai d'ironiser sur cette grasse plaisanterie qui fait encore les beaux soirs de Mourmelon : si la femme préfère l'enfer, c'est parce que Satan l'habite. Elevons le débat : « Si je devais croire à l'enfer, je ne craindrais pas d'affirmer que c'est (la femme NDA) le seul sergent recruteur du noir séjour », affirmait Octave Uzanne. Et il reste vrai que la salope en rut provoque des dégâts. Toute société pervertie est une société qui se perd. Or, qui pervertit ainsi les hommes ? Jusqu'à preuve du contraire et excepté dans les backrooms de quelques établissements spécialisés gays, ce sont bien les femelles ! Diable ! A ce triste propos, souvenons-nous de Gomorry, duc de l'enfer et diable à l'aspect féminin. Sa diabolique spécialité est d'encourager aux tentations de la chair, qui entraînent les femmes dans les plaisirs des sens. Il s'intéresse plus particulièrement à pervertir les jeunes vierges pour en faire des hyènes affamées de sexe et de débauche[1]. Certes, nous mangeons pour nous nourrir. De la même façon, la finalité de l'acte de chair découle bien de la volonté de reproduire l'espèce. Alors pourquoi ne pas joindre l'utile à l'agréable, rétorquent les plus atteints.

Prenons-les au mot[2]. Et les perversions ? Les poulies attachées au plafond tandis qu'une jeune fille nue et intégralement enduite de confiture de myrtilles se balance harnachée de cuir plusieurs mètres plus bas entre deux gros gaillards encagoulés de la tête qui font claquer leur fouet contre deux femmes se tirlipotant le schmilblick ? C'est pour reproduire l'espèce, ça ? Qui écrit des œuvres sataniques comme « Emmanuelle » ? Une femme ! Qui s'exhibe à poil dans les journaux pour hommes histoire de les pervertir un peu plus ? Encore des femmes ! Et les films porno comportant des scènes à faire dégorger votre charcutier pourtant rescapé d'Algérie ? Il me semble qu'ils n'existeraient point sans le précieux concours de femmes...

Alors reproduire l'espèce, laissez-moi me gausser. Et je serai ici rejoint par toutes ces salopes encore à la recherche de leur point G alors qu'elle n'ont toujours pas trouvé la position qui permette de laver le coton à chaude température. Nul ne résiste au supplice de Tantale et ces dévoyées le savent. Aussi délaissent-

1. En 1612, le grand Maître en démonologie Pierre de Lancre écrit que les femmes démons (succubes) ont le visage d'une jeune femme charmante, le regard gracieux et attirant, le sein et le corps bien faits mais que les autres parties de leur corps ne sont que serpents exhibant ventre et mamelles pour mieux attirer les hommes... Hélas ! si les salopes étaient encore faites ainsi, nous éviterions facilement de perdre du temps et de recevoir des coups ; quand nous ne nous faisons point mordre. Déshabillons-les méticuleusement : dans chaque femme se cache plus ou moins bien d'immondes vipères.

2. Typographe : c'est AU MOT. D'accord ?

elles leurs tâches ménagères pour se consacrer au stupre et à la fornication. Quand elles rentrent le soir, elles sont elles-mêmes aussi souillées que la vaisselle dans l'évier. Quant à ces pauvres hommes... Pardonnez-leur, ils ne savent pas ce qu'ils font...

Vous vous vautrez, mesdames, dans la luxure comme la truie se vautre dans son auge dégorgeante de purin. (Nous rejoignons ici la parabole de la vaisselle dans l'évier). Vous entraînez en vos déshonorantes orgies des hommes nés bons que vous détournez du droit chemin au profit de l'oblique de vos poulies. Vous exigez d'être solidement entravées pour mieux prendre votre pied. Comment nommer un tel comportement s'il ne relève pas du vice et de la prestidigitation ? Avec vos infâmes cochonneries, vous réveillez le porc qui sommeille dans le cœur de tout homme normalement constitué, goret savamment contrôlé jusqu'à ce que vous sévissiez... Vous niez ce qui fait la grandeur de l'être humain par rapport à la bête : son sens de la réserve, son intelligence et sa capacité à ne point laisser s'échapper les basses pulsions bestiales qui l'habitent. Un homme, un vrai doit savoir se dominer et ne point foncer tête baissée (façon de parler) sur l'affriolante jeune blonde pulpeuse en débardeur et minijupe lascivement allongée sur ce lit sur lequel elle ôte délicatement son débardeur, dévoilant deux seins lourds et fermes qu'elle enserre fermement entre ses mains, tandis que ses cuisses écartent la minijupe dont la fermeture craque après quelques instants de contractions désordonnées. L'homme, le vrai que nous appellerons Marcel, doit savoir ne pas arracher la petite culotte d'Ingrid pour ensuite l'embrasser à pleine bouche pendant qu'elle fouille dans son pantalon pour l'ôter avec la même dextérité qu'elle montra avec ses propres vêtements. Marcel doit savoir ne pas succomber pour plonger son sexe entre les jambes d'Ingrid qui pousse désormais de petits cris avant de se dégager et de se retourner, offrant son magnifique derrière rond au pieu de Marcel qui ne sait vraiment plus à quel sein se vouer. Les vibrations sont intenses, puis Ingrid disparaît quelques instants, laissant Marcel s'amuser avec un encombrant objet en caoutchouc que la décence nous interdit de décrire davantage. Quand elle revient quelques instants après, seulement habillée de porte-jarretelles noirs dessinant son triangle blond, Marcel ne se contient plus et laisse plonger son gros oiseau dans la bouche d'Ingrid pour s'abandonner de nouveau dans son sexe après quelques mouvements de va-et-vient rythmés par les cris de plus en plus puissants d'Ingrid et par son propre (?) râle indiquant que la boucle est bouclée.

Mais Marcel est un con qui point ne sut savoir. Et c'est maintenant trop tard. On ne peut pas être au four et faire le moulin. Marcel vient de la faute d'Ingrid de rater son train qui devait l'amener à un important rendez-vous pour une nouvelle place de meunier dans ce grand moulin, le sortant de douze années de chômage pour la plus grande satisfaction de ses quatorze enfants et de sa femme enceinte d'un quinzième. Salope ! Vous êtes toutes des Ingrid, toutes plus aspiratrices les unes que les autres. Vous allumez les mâles qui ont le malheur de vous croiser. Pis, vous n'hésitez pas à humilier vos conjoints en adoptant vis-à-vis de leurs amis l'attitude de la chienne en chaleur se frottant aux chiens alentour ou aux bas de pantalons des bipèdes du district. Et la créature de sortir le grand jeu sous les yeux ébahis et embarrassés de son amant légitime. La poussée des cornes devient réellement douloureuse quand la salope rejoue la grande scène du 3 dans laquelle elle entraîne l'ami passablement excité dans la salle de bains pour s'enfermer avec lui pendant une bonne heure afin de lui montrer les nouveaux robinets qui l'équipent (la salle de bains, suivez !). Le cornu finit par devenir vraiment nerveux, attitude s'accompagnant de violentes pulsions meurtrières, fort heureusement le plus souvent contenues, quand « elle s'est collée sur les genoux de son père en lui susurrant dans le sonotone une véritable apologie de la maturité » (Arielle Saracco, sociologue de la seconde moitié du XXe siècle). Les plus savants qui n'osent vous appeler par votre nom : chienne lubrique, salope, saute-au-paf, feu au c.., j'en passe et des plus salées, les plus savants, donc, préféreront vous regrouper sous le pudique terme de nymphomanes.

Un homme tenté par trop de chair est un don Juan, un séducteur. Une salope de votre espèce qui changerait un peu trop souvent de partenaire n'est qu'une... (d'un commun accord avec mes éditeurs — gloire à eux — j'ai préféré censurer le présent terme afin que cet ouvrage conserve la tenue que nous lui conférons depuis la première ligne, même si sa dimension de témoignage sociologique devait s'en trouver de la sorte altérée).

Car pour vos orifices jamais rassasiés, l'homme ne représente qu'un (d'un commun accord avec mes éditeurs — louanges éternelles sur leurs fières épaules — j'ai décidé de ne point faire figurer ici ce terme confondant de trivialité dans ce qu'elle comporte de plus bestiale) seulement apte à combler votre tempérament volcanique. Et ce n'est pas madame Tazieff qui me contredira. Vous considérez donc le mâle comme le bouche-trou affectif à utiliser avidement avant de le jeter comme on se débarrasse d'un Kleenex. Seule la satisfaction de vos bas instincts compte, doit-elle l'être au détriment de réputations forgées durant de longues années à la force du poignet de leurs bénéficiaires. Cardinaux, ministres, chefs d'Etat, académiciens, enseignants, industriels et autres mâles tous bons pères de famille et époux modèles, tous sont vos victimes potentielles, bêtes à gibier que vous entraînez dans votre boue nauséeuse pour mieux les noyer. Quand on pense que l'un de vos passe-temps favori consiste à envoyer les hommes en prison sous le fallacieux prétexte de « harcèlement sexuel »...

Notez que vous, les Maries-couche-toi-là, êtes plus respectables — au royaume des aveugles, les nymphos sont reines — que toutes ces saintes nitouches allumeuses, tourneuses de têtes à en rendre malades leurs porteurs, incapables d'éteindre le volcan quand l'éruption se fait sentir. Même si vous causez de similaires dégâts, même si vous êtes physiquement plus sales, force est de constater votre mental moins entaché, moins condamnable que celui de votre consœur quelques lignes plus haut évoquée. Vous êtes sans doute moins tordues parce que l'ensemble de vos dispositions mentales sont noyées sous vos débauches honteuses, moments de stupre, heures de fornication et éternité d'infamie reposant sur vos têtes. Cependant, laissez-moi vous donner un précieux conseil :

remplacer de temps en temps le mâle par la bassine d'eau froide. Vous verrez, ça calme aussi bien et ça fait moins de mal tout en faisant fonctionner le commerce des bassines qui commençait à battre de l'aile…

13
La salope est orgueilleuse

« Ce qu'il y a de désastreux dans la plupart des mariages, c'est que les deux conjoints sont épris de la même femme. »

Bernard Shaw

Cousine germaine — bien qu'elle puisse être d'origine différente que teutonne — de l'égoïste, la salope orgueilleuse n'en constitue pas pour le moins une catégorie à part. Second péché capital, l'orgueil est comme l'alcool : acceptable et agréable quand il est consommé avec modération, insupportable et pestilentiel inoculé à haute dose à l'encontre de celui qui y est confronté. L'orgueilleuse empoisonne la vie de ses contemporains en ce sens qu'elle n'a jamais tort. Si l'erreur est humaine, elle ne l'est pas pour ce spécimen de salope qui s'exclut d'elle-même de notre petite communauté de cinq milliards et quelques membres. Plus le tort de l'orgueilleuse est flagrant, plus violente est sa réaction, généralement située au-dessus de la barre des 200 décibels. Et Dieu seul connaît le stock chaque jour renouvelé de fautes commises par cette calamité. Un festival chaque jour renouvelé placé sous un climat de terreur tel qu'il n'en subsiste plus que chez les descendants de la branche dure de la famille Robespierre. Que ce soit clair : l'orgueilleuse est à ses yeux la plus belle, la plus intelligente — d'où l'attitude ci-devant évoquée — et la meilleure faiseuse de vaisselle. Hélas, la vérité n'est pas toujours en rapport car elle est aussi la plus bête. Orfèvre en mauvaise foi et en suffisance cette précieuse-ridicule pourrait sans problème recevoir la palme de la plus abominablement difficile à supporter. Il est terrible d'observer les effets pervers qu'engendre l'originel complexe d'infériorité dont souffre la gente féminine. Et ce vieux scatophage de Sigmund Freud de préciser dans un de ses irrésistibles moments de délire éthylique : « L'envie de réussir chez une femme est une névrose, le résultat d'un complexe de castration dont elle ne guérira que par une totale acceptation de son destin passif. » Cessons de rire et analysons cette phrase pleine de bon sens (in vino véritas comme disent les routiers italiens) : une orgueilleuse incapable de reconnaître une tache noire parce qu'elle aura *a priori* décidé que la tache est de couleur blanche (vous suivez ?) est rigoureusement infichue de reconnaître, avant de l'accepter — ce vieux Sigmund est décidément impayable — son destin passif parce qu'elle a décidé *a priori* qu'il ne le sera pas, et ce, pour le plus grand malheur de l'humanité. Ceux qui ont suivi ont maintenant le droit de passer aux travaux pratiques pour aller battre la première qui passe dans la rue. Elle saura toujours pourquoi et ça défoule...

L'orgueilleuse incarnant à ses yeux, à son œil pour l'arrogante salope borgne, la créature parfaite ; son comportement frôlera celui de l'hystérique quand ce statut pourra être, ne serait-ce qu'un instant remis en question. On appellera alors ce trouble du comportement une crise de jalousie. Prenons l'exemple d'une orgueilleuse que nous appellerons Simone. Plaçons-la dans une pièce contenant un certain nombre de personnes de tous âges, de tous sexes, et de toutes couleurs de poil. Aussitôt le regard de Simone se fixe sur la plus belle femme de l'assemblée qu'elle regarde avec l'œil de Rambo contemplant un car de jeunes viets en partance pour des vacances vertes dans un camp situé en bordure de la jungle de Thekin-khon. Alors, toute l'intelligence de Simone ainsi que ses sens (principalement olfactifs et visuels) vont se mettre à la recherche du défaut dont pourrait souffrir la donzelle que nous appellerons Jeanne-Edern. Puis, vice trouvé, Simone s'empressera de faire part à la cantonade de sa géniale trouvaille : « Z'avez-vu cette pouffiasse qui sent la sardine à 30 mètres ? » ou au choix : « Z'avez vu comme elle est bien maquillée ? On dirait Toutankhamon les mouches en plus ! », « Z'avez-vu, maintenant y'en a qui s'habillent en sac poubelle, remarquez, ça va bien avec son teint... » Entre-temps Jeanne-Edern aura quitté la pièce pour se venger quelques jours plus tard contre une nouvelle victime que nous appellerons Gonzaguette, laquelle humiliée dans son amour propre se vengera à son tour et ainsi de suite... Il en va de même quand ces dames se trouvent placées face à un homme plus brillant qu'elles — ce qui arrive extrêmement souvent, chaque fois qu'elles en rencontrent un pour être précis, fut-il trisomique au dixième degré...

C'est également le comportement qu'adopta la

méchante reine qui fera exiler cette pouffiasse de Blanche-Neige pour le plus grand plaisir de sept petits vieux lubriques, laids et vicieux. Mais ceci est une autre fable... Attention à ne pas brusquer l'orgueilleuse dans son amour-propre. N'oublions jamais qu'elle seule doit maîtriser son destin. Nul ne peut lui imposer quoi que ce soit. L'orgueilleuse ne subit pas, elle fait subir. Ainsi ce dialogue que n'auraient point renié Simone, Gonzaguette, Jeanne-Edern et autres salopes de cet acabit :

— (voix masculine) Je suis ennuyé pour ce soir mais j'ai un empêchement au bureau.

La salope orgueilleuse ne s'effondrera pas en larmes comme l'espérait sans doute son interlocuteur, mais découvrons la suite de ce dialogue quasi hitchcockien :

— (voix salopoïdale cassante et détachant avec application ses syllabes pour être sans doute plus tranchante) Ben c'est pas très grave, d'autant que je t'avais oublié et que Robert m'a invité à passer la soirée chez lui à Deauville. D'ailleurs il faut que je te laisse, j'entends le bourdonnement de sa Ferrari en bas de la maison. Rappelle-moi l'année prochaine !

— (voix masculine remplie de trémolos) Je veux bien, mais le matin ou l'après-midi ?

— (bruits de commutateur déconnecté) Bip-bip-bip...

Car cette salope d'un genre spécial n'éprouve aucune commisération pour le pauvre petit oiseau dont elle scie sciemment les pattes avec cette effrayante application qui fit les beaux soirs « circoïdaux » de la Rome antique, qui était d'ailleurs loin d'être romantique.

L'orgueilleuse, juste corollaire de son caractère de truie trépanée, se vexe pour un oui ou pour un petit non. S'ensuit généralement un déluge d'injures émises à fort taux de décibels. Prenons l'exemple d'une telle peste (Z) au volant d'une grosse voiture ($), avec assis à ses côtés le légitime propriétaire dudit véhicule (A), que nous ne jugerons pas, chacun pouvant être à un moment ou un autre sujet à des moments de faiblesses. Bref, la voiture est maintenant immobilisée au sommet d'un pic montagneux, la route venant subitement de s'affaisser par la grâce d'un imprévisible glissement de terrain. Tout le monde est bien embêté. Première hypothèse : A conseille à Z de passer la marche arrière en tournant le volant à droite pour ne pas faire ébouler le peu de terrain qui reste sous les roues de $. Alors Z sera vexée et fera exactement le contraire. Conclusion de cette hypothèse : A, Z et $ sont maintenant réduits en bouillie 700 mètres plus bas.

Seconde hypothèse : A dit à Z qu'elle ferait bien de passer la marche avant en tournant le volant à gauche. Z sera encore vexée, dira « tu me prends pour une conne » et enclenchera effectivement la marche-avant pour le punir. Résultat : voir conclusion de la première hypothèse.

Troisième hypothèse : A ne dit rien, connaissant le caractère de Z, laquelle se vexe de ne pas être secourue en une si difficile posture, se met à hurler, en produisant de grands moulinets avec les mains. Lesdites gesticulations alliées aux braillements ci-devant évoqués qui résonnent entre les parois montagneuses créent un intéressant phénomène minéralogique se caractérisant par quelques avalanches de boue, lesquelles précèdent généralement de violents éboulements, s'achevant par l'érosion immédiate de ce qui constituait voici encore quelques secondes un pic, érosion se soldant par la chute du véhicule $ contenant les individus A et Z. Pour la suite, se référer à la conclusion de la première hypothèse.

Quatrième et dernière hypothèse : A évoque l'effet bénéfique du grand air sur le teint de Z, laquelle rétorque, vexée : « pourquoi, habituellement j'ai une tête de limace desséchée ? » en rythmant chacune des syllabes par un coup de poing sur le bois du tableau de bord, lesquels ont pour effet de faire pencher chaque fois davantage le véhicule $ vers le ravin. C'est au moment où Z se mit à taper du pied, ivre de colère en remontant son pull pour exhiber sa généreuse et ferme poitrine (XL) pour la plus grande satisfaction de A en éructant : « Et ça, c'est du poulet ? » que la voiture $ bascula bel et bien pour se retrouver rapidement quelques centaines de mètres plus bas. Pour la conclusion, vous voudrez bien vous référer encore et toujours à celle de la première hypothèse. L'orgueil est un vilain défaut. Et l'orgueilleuse salope de toujours vouloir emporter le dernier mot. Fut-ce dans sa tombe. Revenons au monde des vivants...

Comme nous l'avons vu, la salope orgueilleuse se doit d'être constamment la plus grande. Autrement dit, pour vivre avec elle, une seule solution s'impose : vivre à genoux. Ce qui suppose de cultiver une pauvreté d'esprit quasi communiste de stricte obédience, d'être toujours mal habillé et de ne fréquenter que des abrutis, à l'exclusion de tout autre comportement qui pourrait déclencher sa fureur. L'homme peut difficilement dans ces tristes conditions se réaliser, se sublimer, à moins que le but de sa vie ne consiste à étudier la vie des internés de longue durée en hôpitaux psychiatriques, étude plus particulièrement portée sur les dédoublements de personnalité : « Je suis Landru. Où sont ma cuisinière et mon entonnoir ? », « Moi je suis Barbe-Bleue, où sont ma teinture et mon grand couteau ? », « Quant à moi, être Rambo, Yodiloïdo, yodiloïda (cri effrayant se situant entre le barrissement de l'éléphant ivre de colère contre des trafiquants d'ivoire et Francis Lalanne interprétant n'importe quel morceau du répertoire traditionnel iranien) où sont poignard, arc, flèches, Kalachnikov V 500 turbocompressée et salopes ? » ; étude portant encore sur la résistance dudit névropathe sous douche froide, sous électrochoc et emmitouflé en camisole de force.

Finalement, les sadiques ne seraient rien sans les masochistes... (remarquons toutefois, et pour finir, que la salope orgueilleuse se retrouverait rabaissée flanquée d'un souffre-douleur de tendance mauviette. Plus la taille du dragon terrassé est imposante, plus jouissive est l'estocade. De la même façon que le prestige d'un dompteur se mesure au degré de férocité des monstres sur lequel il exerce son emprise, au lieu de frapper sur sa salope de femme avec son fouet. Misérable et lâche imbécile vêtu de peau de bête, tortionnaire d'animaux qui ne demandent rien à personne. Pour en arriver à de telles extrémités, pour extérioriser une telle bassesse, nul doute sur le degré de saloperie que doit cultiver son épouse, laquelle aurait davantage besoin, plus que tout tigre, de sauter dans un cerceau enflammé.)

14

La salope se goinfre

(on dit alors qu'elle succombe au péché de gourmandise...)

« A la pêche aux moules, moules, moules, je ne veux plus aller... »

Bézu

Avertissement :

Ce chapitre s'achevant dans la fange la plus noire le rendant difficilement soutenable aux âmes les plus sensibles, nous conseillerons à ces dernières de bien vouloir sauter directement au suivant chapitre, non sans savoir que la goinfrerie est vraiment quelque chose de dégueulasse, à l'instar de celles qui s'y livrent.

La scène se déroule dans un élégant restaurant, à l'heure du dîner. Une petite table dans un coin calme, autour de laquelle deux spécimens de salopes telles que nous allons les découvrir devisent gaillardement tout en mastiquant bruyamment.

La première que nous appellerons Bernadette-Henriette est de caractère plutôt cérébral tandis que Denise Roussos qui lui fait face est de type carrément physique, la faisant confondre, vue de loin avec l'inoubliable locomotive de « L'Arrivée du train en gare de la Ciotat. »

Le maître d'hôtel arrive pour s'enquérir de la suite à donner aux agapes.

— Que désirent ces dames à présent ?

Denise Roussos répond sans attendre :

— Ami gratte-papier, après ces succulentes cuisses de grenouilles confites aux dix perdrix fourrées de beurre d'ail dans son coulis de béchamel onctueuse, judicieusement accompagnées de cette non moins admirable ratatouille sauce gribiche aux cèpes qui précédait ces magnifiques kilomètres de boudin noir et blanc à la graisse d'urus, ces cous de girafes farcis arrosés des trois caisses de Château-Reboillaux 1949 et du tonneau de bière pression, j'ai bien peur d'avoir à présent les dents du fond qui baignent, si j'ose m'exprimer de la sorte ! Cependant, je n'oserai faire d'excès... Souvenons-nous ma chère Bernadette-Henriette, que la gourmandise constitue le troisième péché capital et je ne voudrais pour rien au monde y succomber, pour me retrouver jugement dernier rendu placée en enfer où tous les jours on ne bouffe que des patates cuites à l'eau croupie ; non, mais vous imaginez le calvaire, ma pauvre Bernadette-Henriette ?

Laquelle Bernadette-Henriette, très portée sur la théologie de répondre entre deux verres de Château-Réador 1939 :

— Certes, chère amie, cependant sachez que le suicide est également puni par la religion, c'est pourquoi nous devons nous nourrir pour survivre. Allez, ma brave Denise, prenez donc une part de flanc aux pêches, c'est toujours ça que les petits affamés ne viendront pas nous bouffer dans la main.

— Slurp, j'ai vraiment du mal à comprendre pourquoi certains hommes nous considèrent comme des salopes alors que nous ne sommes que des gastronomes avisées...

— Peut-être voient-ils en nous les redoutables croqueuses d'hommes telles que celles décrites en littérature, au théâtre et au cinéma. Ce qui est d'ailleurs le cas parce qu'avec le temps qu'on passe à bouffer, c'est pas nous qui pouvons gagner notre caviar... Alors heureusement qu'ils nous laissent les moyens de nous remplir les estomacs. Encore du cœur de veau ? ma tendre Denise ?

— Oui, mais la moitié suffira. Pouvez-vous me le fendre ? Allez, tutoyons-nous : maintenant, tu me fends le cœur !

— (Le visage ruisselant de larmes de sang provenant des giclements ventriculaires consécutifs à l'introduction du couteau dans le cœur de veau afin de le fendre en deux parties.) Quand je pense à tous ces pauvres qui n'ont même pas le minimum pour nourrir leur nombreuse famille, je suis réellement dégoûtée. Garçon, encore deux bouteilles de ce Château-Pinembourg SVP ! Blurp... Brooooo... Pardon, très chère ! (s'adressant au maître d'hôtel) Apportez-moi mon seau, ça va venir... »

— Il s'agit sans doute du foie gras que vous prîtes à l'apéritif qui ne passe pas bien... Quand je vois tous ces pauvres dans la rue, maigres à en vomir son petit déjeuner, croyez-moi, il faudrait faire quelque chose pour ne plus que l'on voie ça... les parquer entre eux derrière des hauts murs me semblerait une sage décision à prendre. Ils n'ont pas leur pareil pour me rendre de mauvaise humeur, quand je ne le suis pas naturellement : peut-être me comprendrez-vous quand je vous avouerai que je suis d'humeur massacrante quand j'ai le ventre vide. Je deviens alors vite odieuse. De sorte que quand ces béliglandus croque-biteux traîne-savates viennent me mendier quelques francs, je leur réponds « Mon pauvre, moi aussi j'ai le vendre vide et je n'en suis pas pour autant d'aussi mauvaise humeur que vous. Concernant la pièce de un franc que vous me demandez, je n'ai que des billets de 500 francs en ma possession, et comme je doute que vous ayez sous vos haillons la monnaie, soit 499 francs… »

— Ça, c'est envoyé ! Brouâââââ !!!

— (maître d'hôtel arrivant en courant un seau à la main) : et ça c'est renvoyé ! (avant d'éponger le renard répandu sur la nappe, par terre et sur le bord du chemisier blanc de Bernadette-Henriette)

— (hargneuse) Pas fini de dégueuler ! Re-Blouarpppp Frrr…

Un torrent jaillit soudain des entrailles de Denise Roussos, éclaboussant, marquant de son indélébile empreinte tout et tous se trouvant dans son champ d'action. Le maître d'hôtel s'adressant à l'un des garçons de salle :

— Un autre seau pour Madame, et une serpillière avant de recevoir un autre jet en pleine figure… Le seau numéro deux arrive pour être immédiatement placé au pied de la table de nos deux cyniques gastronomes pour se voir de nouveau rempli de trois jets relativement bien ajustés. Le maître d'hôtel se tourne désormais vers Denise Roussos, la commissure des lèvres quelque peu entachée, tandis que Bernadette-Henriette sans doute pour ne pas être en reste par rapport à sa voisine, se met à dégorger de plus belle, en un puissant jet.

— Maintenant Madame prendra bien un petit dessert. Nous avons justement un gâteau de riz nappé d'une couche de chocolat enrobé de crème fraîche, servi avec des crêpes flambées. Vous en prendrez bien une toute petite part, pour ne pas vexer le chef...

— Oui, mais alors une vraiment toute petite part, je ne peux plus rien avaler, j'ai fait le plein. Proposez-en une grande part à Bernadette-Henriette, Ha ! Ha ! Ha ! (rire obscène et méchant dans la mesure où Bernadette-Henriette en est maintenant à rendre ses succulentes cuisses de grenouilles confites aux dix perdrix fourrées de beurre d'ail dans son coulis d'onctueuse béchamel à la ratatouille sauce gribiche.)

— (Le maître d'hôtel s'avançant vers l'office) Un choix de gourmet ! (bruit métallique suivi du son caractérisant une chaussure enfoncée dans une matière flasque et boueuse)... Zut, j'ai mis le pied dans le seau de Madame !

Pendant que les deux joyeuses convives en sont à rendre l'ensemble des mets précédemment engloutis, l'observateur attentif remarque que la contagion semble avoir gagné l'ensemble des dîneurs présents dans la salle de ce grand restaurant. Quelques instants plus tard, le garçon de salle revient avec une minuscule part de gâteau ci-devant défini, la place devant Denise Roussos avant de s'enfuir en courant, alors que Denise introduit une cuillerée de ce plat dans sa bouche. La suite se déroulera très rapidement, c'est pourquoi le lecteur devra lire les présentes lignes avec la plus grande application pour ne point en rater une miette. Denise avale le morceau de gâteau, puis se met soudain à gonfler tel un ballon, telle la tête d'une certaine jeune chanteuse salopoïdale embananée au point de me coller un procès si je cite ici son pseudo en trois lettres, commençant par un L et finissant par un O, bref, l'abdomen de Denise gonfle, gonfle, gonfle toujours davantage, pour exploser dans un bruit qui n'est pas sans rappeler à l'oreille exercée les plus folles soirées du Beyrouth-Est. C'est une horreur : les retombées de l'explosion, principalement composées d'aliments prédigérés et de viscères, muscles, intestins arrachés gisent lamentablement sur les têtes des convives encore attablés à leurs places respectives, chacun dégorgeant à qui mieux-mieux. Vision d'enfer, vision apocalyptique. Denise reste assise à sa place, l'air égaré, la paroi ventrale explosée laissant ressortir les côtes et le cœur qui continue de battre à la vue de tous, aspergeant la table d'un mince filet de sang discontinu provenant d'une artère sectionnée par la violence de la déflagration, les bras pendants tristement autour de ce qui constituait sa cage thoracique. Le maître d'hôtel ne se laisse point désarmer pour autant, et très professionnel, s'approche d'elle (du moins ce qu'il en reste) un papier à la main :

— Votre addition, Madame !

Conclusion de cette fable : la gourmandise est un vilain défaut, trop manger est cause de problèmes pour soi qui finissent par éclabousser les autres ; sans compter le cynisme, la méchanceté et la permanente mauvaise humeur qui sont l'apanage de ces salopes goinfroïdales pour lesquelles seules comptent les nourritures terrestres. Fuyons-les, d'autant qu'elles finissent invariablement par exploser. Que les flammes de l'enfer les grillent comme des cochons de lait-pommes de terre en robe des champs.

(Merci aux géniaux Monty Python d'avoir inspiré, avec le personnage de M. Créosote, in « Le Sens de la vie », le présent chapitre si criant de vérité, sonnant si finement juste.)

15
La salope est envieuse

« Quand une femme aime un homme pour lui-même, c'est qu'il ne possède vraiment pas grand-chose ».

Noctuel

Quatrième péché capital, comme disait cet abruti de Karl Marx que d'aucuns soupçonnent d'avoir été fortement influencé par sa femme qui voyait rouge quand la jalousie lui montait au visage, pour être précis dès qu'elle remarquait quelque chose de plaisant (et si possible onéreux ; hors de portée de la bourse de son plombier-zingueur d'époux), d'où cette acharnée et revancharde volonté de collectiviser le bien des autres pour le plus grand bénéfice des fainéants de son espèce — car en plus d'être une grosse salope envieuse, Karlotte Marx était paresseuse, autre péché que nous étudierons plus loin. Donc cet idiot de Karl, non content d'être exploité par sa femme, pensait que le capital était déjà un péché. Achtung Minen ! « Neigen Sie die Sitzlehne nicht unnötig stark zurück, um Verletzungen durch

Hindurchrutschen unter dem Sicherheitsgurt im Falle eines Aufpralls zu vermeiden... Ach so ! » Impayable Karl...

Revenons à notre sujet du jour, qui rappelons-le constitue le quatrième péché capital : l'envie. La salope envieuse est dangereuse, car le raisonnement de l'envie poussé à son extrémité pousse irrémédiablement au meurtre. Des sœurs Weber à Calamity Jane en passant par Bonnie, Elena C. et autres ogresses gibiers de potences, toute femme quelque peu envieuse (c'est-à-dire l'ensemble de la population féminine moins les carmélites) est une meurtrière potentielle. D'ailleurs nous connaissons les premières questions que tout candidat à la succession des fossiloïdaux Maigret-Bourrel-Holmes apprend en début de cursus : « A qui profite le crime ? » Et « Cherchez la femme... »

Nous traiterons ensuite de la seconde manifestation de l'envie chez la jalouse, celle qui l'amène à adopter vis-à-vis de l'extérieur un comportement duquel se dégage une remarquablement surdimensionnée faculté d'hystérie.

Vécue en compagnie de cette salope, la vie est un long cloaque écœurant dans lequel nous vous proposons de pénétrer dès à présent.

Henri de Montherland qui n'était pas un con, sinon ça se saurait, disait : « La jalousie des esprits faibles mène à la haine tandis qu'elle suscite l'émulation chez les plus forts. » La femme est par nature affaiblie, d'où une jalousie hypertrophiée l'amenant à commettre certains actes délictueux. D'ailleurs toutes les statistiques concernant le vol au quotidien sont formelles : les femmes volent davantage que les hommes.

Non point qu'elles épousent plus massivement les carrières aéronautiques, que nenni : les femmes sont d'exécrables rapineuses, des pécheresses, des charognardes détrousseuses de biens appartenant à autrui — comportement que nous observons d'ailleurs chez les porcins dans la mesure où leurs femelles ne se privent point de piquer la truffe sous le groin d'autres truies, d'où la contraction « autrui » signifiant la même chose, mais adaptée à l'humanité triomphante — bref, les salopes envieuses jusqu'au bout des griffes forment le gros des troupes de voleuses polymorphes, terreurs des grands, petits magasins et autres hypermarchés, quand elles ne vont pas braquer des banques. Elles savent également s'allier avec les mâles pour leur faire faire le sale travail à leur place quand elles ne se sentent point le courage de l'assumer elles-mêmes. Les prisons sont pleines à craquer d'idiots de ce type, lesquels n'ont souvent même plus la satisfaction de recevoir quelques visites ou gâteaux fourrés à la lime de la part de l'ex-femme de leur vie partie avec un autre au casier judiciaire vierge (et accessoirement avec le butin !). Et on pense à Gabriel Matzneff s'inquiétant de « la capacité de renouvellement des femmes, leur aptitude au reniement, à l'oubli, leur obscène manière de gratter le passé, de le gommer, de l'effacer... »

L'envieuse veut tout. Elle ne mange que trois fois par jour, quatre pour les plus goinfres, mais reconnaît que la vie lui serait plus douce si elle détenait le monopole de la nourriture. Si elle en avait les moyens, il est évident qu'elle empêcherait les autres de manger. Ainsi, pourrait-elle davantage savourer... Et elle se prend à songer partir vivre dans quelque pays du

Sahel où enfin la pleine dimension de son personnage exploserait aux yeux de l'humanité aussi ébahie qu'affamée... Cet état d'esprit se retrouve en nos contrées dans lesquelles l'envieuse se reconnaît à sa langue de vipère qu'elle use à l'encontre de ses congénères. Lieux de prédilection de ces salopes : les salons de coiffure. Bigoudis perchés au sommet de la boîte crânienne, c'est parfois à se demander si le capilliculteur (nom scientifique donné aux merlans pour faire plus chic, leurs officines inhalant suffisamment la morue comme cela pour empester davantage) c'est donc à se demander si le phoque de service, dans son élan, ne plante pas ses aiguilles trop profondément pour déclencher tels déchaînements de haine : « Kim Basinger est une vraie tête à claques, Maruschka Detmers a une gueule de pute et Valérie Kaprisky a un cul comme un camion. Un enchantement... » (Arielle Saracco, sociologue urbaine de la fin du XXe siècle).

Pire que l'orgueilleuse, l'envieuse ne supporte aucunement qu'on puisse lui faire de l'ombre. Les seconds rôles ne sont pas pour elle, mais elle est trop nulle pour interpréter les premiers. (Les productions cinématographiques navetoïdales de tendance bidesques regorgent de spécimens appartenant à cette caste.)

Elle est capable de déménager à la cloche de bois après quatorze années de vie commune en emportant vos armes et bagages — et cloche de bois — alors que vous étiez descendu acheter des cigarettes. L'envieuse vous fera les poches durant votre sommeil : 1°) pour vous emprunter quelque argent qu'elle ne vous rendra évidemment jamais, 2°) pour vérifier qu'aucun cheveu suspect ne traîne sur votre veston. Dans cette dernière hypothèse, sa réaction dépasse généralement ce que les termes du langage permettent de préciser. Froissée dans sa perception de la notion d'exclusivité, elle pointera directement le canon de son gros fusil de chasse en direction de votre œil gauche avant de tirer. Elle mettra alors le reste de la nuit à nettoyer les éclats restés collés au plafond. Son avocat plaidera « crime passionnel » pour qu'il lui reste la liberté de nettoyer les plus récalcitrantes des taches restées collées au mur.

Pendant ce temps, la blonde dont quelques fragments capillaires se trouvaient malencontreusement au revers du sombre veston ci-dessus évoqué laisse éclater sa joie au moyen de magnums de champagne qu'elle engloutit aussi promptement que la baignoire sut avoir raison de Marat ou de Cloclo, laisse éclater sa joie, donc, écrivais-je avant d'être à tout bout de champ interrompu par d'aquatiques apartés, d'avoir mis le grappin sur Antoine — plus précisément de ce qu'il en reste à cette heure tardive — enfin arraché des griffes de cette pouffiasse de Gisèle.

Plus vicieuses sont les envieuses qui ne laissent point exploser leur (légitime) colère sur le champ, se réservant pour plus tard, conscientes du fait que la vengeance est bien meilleure quand elle est consommée à froid. Prenons un exemple de froide vengeance puisque sa victime fut effectivement singulièrement refroidie au moment où s'abattirent sur sa personne les foudres salopoïdales. Oyons l'histoire d'Aristote et de Jackie. Donc le grand Aristote Onanisme qui n'était pourtant pas un con puisque Grec, se fit proprement plumer par Jackie qui mijotait son sale coup depuis des années, n'ayant épousé ce vieux débris armateuroïdal que pour mieux profiter de ces drachmes (pesos helléniques pour ceux qui n'ont pas étudié le latin-grec). La salope n'en était pourtant pas à son coup d'essai. Mais l'envie donne toutes les audaces et fait reculer toujours davantage les frontières de la moralité. Bref, Jackie, au terme d'une bataille juridique aussi acharnée que sordide estima que son divorce (et donc son cul) valait au bas mot 20 millions de dollars. L'envieuse a toujours une très haute opinion de sa petite personne. On connaît la suite : le cœur du brave homme ne résista point et, devenue veuve, la dame fut en droit de prétendre au huitième de la fortune du pauvre Aristote, soit 125 millions de dollars. La famille du défunt déclarera à cette occasion : « Nous aurions même donné beaucoup plus pour avoir le plaisir de ne plus entendre parler d'elle et de ne plus jamais la voir... Sirtaki ouzo Mouskouriroussosmoustaki. (injures grecques intraduisibles) »

D'autres préfèrent s'acharner sur des êtres encore vivants. Parce qu'elle se sentait frustrée de ne point pouvoir profiter de telle ou telle autre douceur des choses de la vie (douceurs matérielles s'entend !), l'envieuse se sentira obligée de ridiculiser, de couvrir de boue les bienheureuses arborant les biens convoités : « cette salope a dû coucher avec trois équipes de football plus les remplaçants pour s'offrir ça, en plus ça lui va aussi bien que des bretelles à un canard de barbarie... » ; la même ne se gênera pas non plus pour rendre son infortuné compagnon responsable de son dénuement (relatif dans la mesure où l'envieuse n'est jamais rassasiée et en veut toujours plus, consulter à ce propos l'édifiante histoire du tonneau de mesdemoiselles Danaïdes, prouvant que les femmes sont des êtres sans fond qui ne savent pas retenir le liquide, mais nous nous éloignons dans des considérations quasiment philosophiques indignes de figurer dans le présent chef-d'œuvre.) et, après plusieurs années de comédie, profitera du moment le plus inopportun dans la vie du mâle pour lui planter le coup d'estocade qui l'achèvera définitivement. Combien de couples explosèrent à la faveur de crises d'hystérie piquées en présence d'individus devant absolument garder une haute opinion du futur crucifié. Exemple classique parmi les classiques : monsieur de Maesmaker, puissant patron de son état, s'invite à dîner à domicile dans le dessein d'annoncer officiellement la promotion du maître de maisonnée, mirobolant contrat en poche. « Z'allez quand même pas confier des responsabilités à cette loque qui serait même pas foutue de balayer les caniveaux sans oublier la moitié la plus dégueulasse ! » Et monsieur de Maesmaker de se moucher dans le contrat avant de repartir au bras de cette femme « de caractère ». On apprendra par la suite que le pauvre finira ruiné en moins de deux mois... Ainsi va la vie.

Variante également fort répandue : la même scène au milieu d'un repas dominical pris en présence de nombreux et vieux amis, la salope se faisant un malin plaisir de dévoiler publiquement, devant un parterre de convives gênés, les contre-performances horizontales de leur hôte et, ce, dans un langage des moins imagés. Les exemples sont hélas nombreux et n'épargnent personne. Nous sommes tous des victimes potentielles de ces sangsues aux tendances violentes et sadiques.

En conclusion n'ayons pas peur d'affirmer que la femme est envieuse [1] de tout ce qui fait la grandeur de l'homme, et par contraste sa petitesse : intelligence, argent, beauté, faculté d'ingurgiter plusieurs litres de bière sans paraître vulgaire ou ivre, agilité au volant après ingestion ci-devant évoquée, santé de fer, etc.

Les salopes envieuses se reconnaissent à leurs longues stations devant les vitrines des plus chères officines de leur district. Sachons les reconnaître et n'hésitons pas à leur donner de grands coups de pelle de terrassiers derrière la nuque. Juste pour le plaisir... Pour passer l'envie !

Femme, créature faible et décevante. »

Beaumarchais

1. Même quand elle est jeune.

16

La salope est bête

Maurice Druon (à propos de l'élection de Marguerite Yourcenar à l'Académie française : « C'est la porte ouverte aux calamités. D'ici peu, vous aurez quarante bonnes femmes qui tricoteront pendant les séances du dictionnaire. »

« Quand une femme devient un savant c'est qu'il y a d'ordinaire quelque chose de déréglé dans ses organes sexuels. »

Nietzsche (1888)

Déjà nous avons quelque peu évoqué l'himalayenne, l'incommensurable bêtise des femmes. « Sur ton ouvrage tu reviendras », disait le philosophe qui était quelque peu obsédé sexuel, ou quand il sentait le vent de l'aile de l'imbécillité souffler sur son front, en d'autres termes, quand le gâtisme commençait à le prendre. C'est pourquoi il paraît nécessaire à ce point de notre réflexion, de revenir sur cette épineuse qualité morphopsychologique touchant nos amies. Cependant, je ne résiste guère au plaisir de rappeler quelques lignes que nous devons au génie de Pierre

Desproges : « La grande différence entre l'homme et la femme, c'est l'intelligence. Comme le rire, l'intelligence est le propre de l'homme, et beaucoup plus rarement de la femme, mais c'est de moindre importance car la femme, pour peu qu'elle soit belle, n'a guère besoin d'être intelligente. Pour peu qu'elle soit moche, elle a encore moins besoin d'être intelligente. » Et Desproges de conclure sa démonstration par l'admirable mot qu'eut Louis XIV à la veille de son mariage avec l'infante d'Espagne qui était moche et bête : « S'il y a un truc qui ne va pas avec le boudin, c'est bien la cervelle. »

Car la méchanceté qui est l'apanage de la salope naît de sa bêtise. Certes, c'est en toute conscience sadique que certaines commettent leurs exactions, mais nous nous intéressons ici à leurs consœurs. Et que ces maniérés de nouveaux philosophes buveurs de Darjeeling ne viennent point nous les briser en faisant perfidement remarquer qu'à l'image de l'œuf et de la poule, il reste difficile de déterminer si la femme est bête parce que l'homme la confine dans une telle situation ou parce que, atterré de cette bêtise innée, l'homme démissionne, laissant la femme perfectionner seule cette qualité dans son désert, en lequel ne souffle aucun esprit, à l'image des concerts de Francis Lalanne.

Les mêmes feront l'apologie de l'infanticide rural en ressortant de leurs cervelles à tiroirs made in URSS pré-Gorbatchev la fumeuse théorie des opprimés qui deviennent criminels, selon la sempiternelle dialectique du bourreau et de la victime. Assez !

Qu'on ne nous rebatte plus, une fois encore, les oreilles avec cette pseudo et paradisiaque domination des hommes débouchant sur la servilité dans laquelle ils confineraient la femme.

N'exagérons rien. Il est bien beau de crier au martyr pour mieux inverser les rôles. Le bel alibi que voilà. Si vous êtes connes, c'est maintenant de notre faute. Il nous faut alors fermer les yeux et ne rien redire à chacun de vos abus sous peine de passer pour d'odieux négriers. Le coup de l'arroseur-arrosé, ça on peut dire que nous en avons soupé. Un peu de dignité si toutefois ce mot résonne de quelque signification en vos têtes emplies de courants d'air. Alors regardez la vérité en face : qui de l'homme ou de la salope est aujourd'hui le plus à plaindre ?

Reconnaissons cependant que vous plonger dans une situation de servilité aussi sûrement que vous plongez vos enfants dans les rivières pour poser en couvertures de magazines en couleurs avec des rivières de diamants autour du cou, bref, vous plonger dans une situation de servilité à notre égard serait source de félicité suprême. D'autant que la nécessité de demander ça (beaucoup) pour obtenir ça (un peu) est connue de tous. Alors si rechercher ce but pouvait contribuer à rabaisser votre énervant caquet... On peut toujours rêver.

Bref, vous êtes bêtes que c'en est pathétique. Chanteuses de variétés, comédiennes, sténo-dactylos, plombières-zingueuses, adjudantes-chefs, charcutières, agricultrices ou ministre des droits de la femme : toutes à mettre dans le même sac, solidement fermé, lourdement lesté pour que ça aille plus vite, pour être jetées au fond du lac. Dans le fond, remarqueront les observateurs les plus avisés, vous n'êtes pas si bêtes que cela... Trêve de plaisanteries.

Les œuvres de fond ne vous concernent pas. Vous ne daignez vous intéresser qu'à ce que l'univers recelle de plus niais : films stupides, émissions de télévision dans lesquelles il est question de roues ou de justes prix, illustrés navrants et littérature de gare comparée à laquelle l'œuvre passée, présente et à venir de Marguerite Duras fait figure de manifeste sexy et glamour visant à réhabiliter le comique chez les penseuses masturbatoires à visage aussi batracien ou reptilien que l'écaille de leurs porte-verres.

Vos conversations usuelles tournent autour de votre mec quand vous êtes jeunes et de votre ouvrage à tricoter au moment que choisit la ménopause pour vous atteindre :

> « J'ai souvent envie de demander aux femmes par quoi elles remplacent l'intelligence ! »
>
> Alain

> « Le travail la rendra chauve, pendant que la masculinité croissante et le mépris pour la beauté amèneront la croissance de poils sur le visage. Par conséquent, dans le futur, les femmes seront chauves, auront de longues moustaches et des barbes patriarcales. »
>
> Hans Friedelthal professeur à l'université de Berlin (1914)

Prenons une femme unanimement reconnue pour son manque de bêtise. Appelons-la Marie Curie. « Elle doit tout à Pierre », rétorquent les chœurs chagrins toujours à l'affût du moindre écart. Mauvais exemple. Remplaçons Marie par Simone Veil. Encore un mauvais exemple rétorqueront les chœurs précédemment entendus. Rabattons-nous sur — c'est une façon de s'exprimer — Anne Sinclair. Anne Sinclair est une femme intelligente qui côtoie le gratin de ce que l'humanité compte d'humanistes de gauche. Oh, de temps en temps elle fraye avec quelques amis des animaux, plutôt de droite. Pourtant Anne Sinclair réalise à peine que la majeure partie de son audience ne pense qu'à une chose en regardant ses émissions : aucunement à l'avenir géopolitique de la planète, pas aux dévaluations, ni même à la solution qui permettrait aux Libanais du Sud de faire la paix avec les Syriens de l'Est, les Druzes de l'Ouest, les Palestiniens du centre, les miliciens chiites de droite, les Sunnites de gauche, les Hezbollahs de centre droit, les Morabitouns de centre-gauche, la Finul du milieu ou les Israéliens du Nord. Que nenni : ils ne pensent qu'à la déshabiller du regard. Un journal pour hommes qui demandait à ses nombreux lecteurs quelle star féminine ceux-ci souhaiteraient apercevoir dans le plus simple appareil, plaçait régulièrement l'intellectuelle Anne Sinclair en tête de son classement mensuel, bien devant les physiques de Samantha Fox, Sabrina ou Valérie Kaprisky. Il ne fait aucun pli que si elle était réellement intelligente, Anne Sinclair se reconvertirait illico presto dans le strip-tease comme sa consœur Danielle Gilbert, discipline dans laquelle elle pourrait enfin faire l'unanimité tout en faisant réellement exploser son énorme talent. Car il reste connu que la créature intelligente sait se remettre en question — seuls les imbéciles ne changent jamais d'avis — pour toujours optimiser ses possibilités, rendant de fait son passage sur terre utile au bonheur de l'humanité. Dans ces conditions, quelle conclusion pouvons-nous tirer de cette édifiante expérience ? 1°) Anne Sinclair à poil ! Anne Sinclair à poil ! (vox populi) ; 2°) Anne Sinclair, sœur Anne, comme d'habitude ne voit rien venir, comme Chantal Goya, qui n'est pourtant pas non plus la moitié d'une conne dans la mesure où elle pourrait en être une triple. Or, nous savons tous que ne rien voir venir reste l'apanage des sots, lesquels ne voient généralement pas plus loin que le bout de leur nez. On les reconnaît de cette manière à leur regard pour le moins louche quand il n'est pas vide de signification. On trouve autant de lueur d'intelligence dans le regard d'une femme bête que dans une plaque d'égout. Analysons le regard d'une femme bête, par définition de tendance salopoïdale. Qu'y voyons-nous ? Certes, cornée, iris et cristallin sont en place, mais le regard se détourne quand il en croise un autre, incapable, même inconsciemment, de soutenir un dialogue animal avec autrui. Cet œil n'est bon qu'à reluquer les 628 lignes balayées chaque seconde sur l'écran cathodique quand passent les mirifiques programmes qui aimantent leur regard comme la bouse attire la mouche.

Bref, toutes les femmes sont bêtes. Imbéciles heureuses, elles ne daignent pas, par paresse d'âme, se remettre une seule seconde en cause.

La belle et la bête ne font qu'une. N'en déplaise aux fans de Jean Marais qui tenta sans conviction de prêter ses traits à la susnommée écercelée. Bêtes à plaisir ou bêtes à pleurer, vous nous cassez les pieds. Même sans le vouloir particulièrement, vous héritez des gènes pathologico-salopoïdaux que vos mères vous ont transmis, pour le plus grand malheur des générations futures. Finalement Simone Veil, qui n'est pas conne, l'avait bien compris en légalisant l'avortement, histoire sans doute de limiter quelque peu les dégâts. Gouverner, c'est prévoir, comme disait Elena Ceausescu. La malodorante substance qui vous tient lieu de matière grise ferait fuir un anthropophage affamé et enrhumé. Il serait d'ailleurs volé sur la marchandise dans la mesure où votre cerveau — il serait plus exact de parler de petit pois ou de grain de semoule — est en moyenne 500 grammes plus léger que celui de l'homme. Tentez l'expérience : mettez sur le plateau d'une balance l'encéphale d'une femme et posez sur le plateau d'en face un beau et gros cerveau masculin : vous verrez bien de quel côté penche la balance. Même une cervelle de mouton mongolien serait plus lourde que la poisseuse et nauséeuse chose ci-devant évoquée. Même l'entité encéphalique du plus idiot des mâles rivaliserait avec celle de la plus brillante représentante de votre espèce. D'ailleurs les plus éminents chercheurs en neurologie s'accordent pour reconnaître la différence de composition moléculaire de vos connections cérébrales.

Alors que le cerveau masculin est un complexe édifice, une construction outrageusement bien ordonnée dans laquelle rien n'est laissé au hasard, dans laquelle aucun défaut de fabrication n'apparaît et ne peut exister, un édifice magnifique fait de milliards de composantes, un superbe, grandissime assemblage, une rosace des plus sophistiquées constituée d'un enchevêtrement de connexions nerveuses et de neurones dans lesquels siège la mémoire, assemblés selon un ordre apte à rivaliser avec un milliard d'ordinateurs. Observer un cerveau masculin mis à nu est fascinant : régularité des lobes, irrigation parfaite et régulière des régions, vaisseaux se recoupant en carrefours, véritables échangeurs d'informations, disposés selon un assemblage sophistiqué quasi-géométrique. Un cerveau masculin, c'est un peu une carte topographique, avec ses monuments, ses fleuves, rivières, ruisseaux, reliefs montagneux, crevasses, zones forestières et zones rurales : l'homme est mentalement prédisposé à être une créature complète, prête à affronter la vie, et à toujours améliorer son destin pour son bonheur et celui de ses semblables.

Quant au cerveau féminin... Les professeurs Lobotov et Trépanov de l'université de Frankensteingrad ont récemment mis en évidence la proximité de composition chimique entre le cerveau féminin et la moisissure que le temps dépose sur la gelée de groseille de Sibérie.

Résultat : à peu de choses près, votre vocabulaire se limite aux expressions « Ga Bu Zo Meu » et votre comportement social se rapporte à celui des êtres poisseux tels que les limaces et autres matières vivantes mononucléaires : il reste tragiquement guidé par un instinct de survie au jour le jour. A l'image de la bête, vous avancez aveuglément, quitte à écraser par ignorance ce qui se trouve dans votre sillon. 55 % d'entre vous ne possèdent aucun diplôme. Les autres sont familières des pochettes-surprise.

De quelle façon se traduit le venimeux pouvoir de la salope idiotoïdale ?

Inconsciemment — et pour cause ! — la femme bête sèmera le mal autour d'elle. Infernale écervelée près de laquelle il est dangereux de se trouver.

Distance réglementaire de rigueur, gaffeuse de surcroît, égoïste et inintéressante. Finalement votre bêtise résume l'essentiel des tares dont vous êtes ataviquement atteintes, et dans lesquelles, à l'image de la truie se roulant dans ses innommables immondices, vous vous complaisez.

Votre seule bêtise est directement responsable des principales guerres qui secouèrent l'humanité, l'intolérance et les intégrismes dont vous êtes les principaux vecteurs lui doivent tout. Votre immense bêtise explique encore la quasi-totalité des maladies nerveuses, des crises cardiaques et autres maux psychosomatiques dont vous vous rendez directement responsable en stressant toujours plus les hommes, que ce soit dans le monde professionnel ou entre les quatre murs qui abritent les tracas domestiques et ménagers que vous distillez avec application. Vous ne mesurez pas la portée de vos actes et en semant le vent, bêtes que vous êtes, vous ne récoltez que des tempêtes de force 30 sur l'échelle de cet idiot de Richter qui en est tombé depuis le dernier échelon, à l'instar de cet imbécile de Roméo aimanté par le magnétisme bovin de la nymphomane Juliette qui de son balcon (en un seul mot) prenait, la sotte, son pied à casser au propre comme au figuré ceux de ses amants.

Ha ! Si vous pouviez savoir comme la vie serait douce sans votre étroitesse d'esprit. Si vous pouviez ne serait-ce qu'une seconde faire un petit effort de prospective, quitte à bousculer votre nature, alors vous comprendriez l'urgence qu'il y a à vous greffer des cerveaux en bon état de fonctionnement. Mais cela n'est qu'utopie dans la mesure où cette opération se solderait irrémédiablement par un immédiat rejet.

Vous gâchez l'existence des autres, et sadiques que vous êtes, vous en sous-estimez les conséquences, quand vous n'en éprouvez pas un vif plaisir quasi-orgasmique. Vous n'avez aucune sensibilité. Les légumes pensent-ils, souffrent-ils, s'enthousiasment-ils, compatissent-ils au sort des autres légumes ? Que nenni. Chaque navet protège jalousement ses racines et se contrefout du sort du poireau. On sait comment il finit : mal. Vous n'êtes que légumes, vous nous étouffez et vous finirez pourtant, justice céleste, par manger les navets et autres poireaux par leurs racines. Alors calmez-vous, et nous irons mieux. D'ailleurs si vous étiez intelligentes, vous comprendriez que là est votre intérêt...

Quittons les rivages légumiers et concluons ce chapitre en rappelant que bêtes vous êtes et bêtes vous demeurerez. On ne peut vous refaire. Eve fut bien assez cruche pour faire confiance à un serpent, relayée quelques années plus tard par la myope petite chaperon rougeoyante, abrutie au point de confondre un canidé avec sa vieille grand-mère édentée. Et je passerai sous silence les mémères à leur toutou qui souillent à plaisir nos trottoirs en racontant des mots doux à l'animal, sans doute histoire de le faire davantage c... Vous faites confiance aux bêtes parce que, selon l'adage qui voudrait que ceux qui se ressemblent s'assemblent, bêtes vous êtes. Et quand j'écris ces lignes, je souffre pour certaines bêtes que je préférerais appeler animaux. Finalement, on ne vous a sans doute pas assez dressées. Au pied ! La laisse et le fouet, voilà ce qu'il vous faudrait. Vous élever vous élèverait peut-être... Et quel bonheur de vous abandonner la langue pendante au pied d'un arbre dès qu'on en aurait assez de subir vos odieux manquements à toute humanité. On peut toujours rêver...

> « La femme est beaucoup plus que ce mammifère inférieur qu'on nous décrit dans les loges phallocratiques. La femme est l'égale du cheval. »
>
> Pierre Desproges

> « La femme peut affirmer être un homme inférieur. »
>
> Aristote

17

La salope est paresseuse

> « La plupart des femmes se rendent plutôt par faiblesse que par passion. De là vient que, pour l'ordinaire, les hommes entreprenants réussissent mieux que les autres, quoiqu'ils ne soient pas plus aimables. »
>
> Vauvenargues

Conséquence ou cause de votre faiblesse physique, vous formez un peuple, pis, une nation, de fainéantes de la pire espèce. En conséquence vous en faites doublement baver aux hommes qui mettent les bouchées doubles pour justement boucher le trou que creuse chaque jour davantage la léthargie physique et morale dont vous faites preuve avec une maîtrise qui suscite l'admiration.

Votre conduite est une offense aux saints principes qui gouvernent le monde civilisé. Saint Augustin, qui n'était pas crétin puisque canonisé disait : « Homme, tu es le maître. La femme est ton esclave, c'est Dieu qui l'a voulu. » Farouche ennemie du moindre effort, vous contrariez la volonté de Dieu. Vous n'êtes donc que d'immondes envoyées de Satan pour corrompre et anéantir l'humanité. La paresse est mère de tous les vices. L'apocalypse ne passera pas. Couché les gars, réveillons-nous, il va falloir leur en mettre un coup ! Debout les femelles, réveillez-vous, l'heure de la relève est assurée. L'heure de prouver votre pseudo-supériorité a sonné. Vous irez limer la tôle pendant que nous réfléchirons à l'avenir du monde en nous limant les ongles, le corps meurtri et fatigué enveloppé dans la chaleur de vos draps encore imprégnés de la tiédeur des stations prolongées que vous y fîtes avidement.

En attendant ce jour béni, constatons que si le lit reste davantage à vos yeux hibernateurs le nécessaire lieu de repos sans lequel la vie serait dénuée de sens, celui-ci peut se transformer à plaisir en lieu de tortures, telles que vous les infligez à vos compagnons qui pourtant pourraient prétendre au juste repos du guerrier après avoir combattu toute la sainte journée dans le dessein de vous épargner le trottoir. Et les murs de garder en mémoire ces sempiternels et horripilants « Non, pas ce soir, j'ai mal à la tête ! », « Pas ce soir, j'ai des bigoudis » (expression qui fera couler beaucoup d'encre en pays bigouden, mais nous nous éloignons des draps devant abriter le drame qui se prépare sous nos yeux ébahis, menant invariablement à la précoce surdité dudit Johnny Bigoude), « Pas ce soir, je termine mon chapitre, j'ai du vernis à ongles, gardé mes verres de contact — comme si les orbites oculaires devaient être le théâtre des ébats avortés ! —, Agen a perdu contre Toulon, parce qu'il fait trop froid, trop chaud parce que je suis au seuil d'un amour éternel et je ne voudrais pas que mon cœur en porte le deuil, parce que Toulon a perdu contre Agen, parce que j'ai la choucroute sur l'estomac, parce que la saucisse ne passe pas, parce que gnagnagni, parce que gnagnagna... »

Le progrès technologique, les machines à laver, lave-vaisselle, vacances en Corse et autres aspirateurs, ont fait perdre à la ménagère le peu de sens de l'effort qui lui restait pour la plonger dans le triste état dans lequel nous la trouvons désormais. Certes, la femme est paresseuse de nature. Si un vieil adage prétend que l'homme n'est pas fait pour le travail parce qu'il le fatigue — prouvant de ce fait qu'il y a au moins goûté —, affirmer que la femme y répugne pour ne pas abîmer ses ongles impeccablement rougis relève de l'information. C'est pourquoi se mettre en ménage avec une paresseuse équivaut à faire définitivement une croix sur tous les délices gastronomiques pris à la maison. Adieu les dîners fins et adieu la descendance : la fainéante ne se voit pas élever quelque enfant. Langes, biberons... l'enfer. Certaines de ces mères indignes vont jusqu'à noyer leur progéniture pour assurer les revenus de leurs vieux jours sans efforts post-mouillage... Mais ce sont les plus extrémistes. Vous voilà prévenus. Vous agirez désormais en connaissance de cause.

Si vous le voulez bien (sinon sautez directement au chapitre suivant), replongeons-nous dans les tréfonds de notre histoire, dans les ténèbres de notre civilisation, dans l'aurore du monde libre non communiste. Analysons le déroulement d'une journée type de Frédégonde Abellarde, célèbre salope pré-moyenâgeuse et antique souveraine fainéante. Nous avons retrouvé des écrits de l'époque, lesquels dûment traduits par Champollion nous en apprennent de belles sur les mœurs et comportements de la salope paresseuse dont vous êtes toutes, à des degrés divers, les dignes descendantes (de lit !).

« Parbleu ! Oyez, oyez la sinistre et larmoyante histoire de la bien-aimée Frédégonsde Asbellarde, austhentique gredine, béliglansdeuse, brise-burnes, poil poussant dans le bastoir manuel que nusl gentilhosmme ne supporter pousvait davanstage de double lusne si palsembleu loisir lui en vint de sa morne existence partasger.

Estendue à chalque mosment, Frédégonsde Asbellarde servir dans sa cousche éstait coustumière. Au pislori les vausriens désobéissants invasriablesment fisnissaient, les yeux par le vent casvés et les vaustours besquetés. Oncques on ne vit nul manant, à leur grand dam, refuser les fourbes gâsteries delmandées avec moult insistance. Quand le dulc de Corse la main de Frédégonsde Asbellarde demanda, un chaud frisson envahit l'ensemble de l'être de cestte dersnière, estimé peser pas moins de trois ou qualtre quinltaux ; le manlque d'exerlcice s'en ressenltant d'ailleurs aux quinlze tropditeux affectés au port de la genlte souveraisne. Hélas, et malgré moult compalgnies de troubadours montées asnimer de leur divin taslent les festivités de masriage, Napoléon Dorpazicci de Sémonli, dulc de Mérino-Dunlopilli en l'îsle de Beaulté, comlprit raspidelment asprès usne lusne de miel de doulze mois l'ilmmense imsproductivilté dont failsait preuve sa mie. Et dans un triple galop, le vésrolé de relpartir sur son destrier ses jours fisnir en son fief monstagneux. Et le peulple de se rensdormir en un prosfond somme ouvranlt granld la porlte à moult invasions barbares qui semèrent élpidémies, trousbles et délsolation dans toulte la résgion. Olaf Gabuzomeupaf, chef de ces cousrageux et néanlmoins incorrects sausvages enltreprit, dans un irrésistible éslan de clouer, personnesllement aisdé de son granld marlteau ensgourdiné, Frédégonsde Asbellarde sur le pont-levis de sa desmeure en lui criant ces isnoubliables molts : « Et mainltenant, tu pousrras te reslever ! » Et d'asjouter à l'asdresse de celle qui point lavée n'était depuis d'enstières résvolutions soslaires : « Sale, hop ! », lasdite explession devanlt delmeurer en les alnnasles pour des sièlcles des sièlcles...

Désbarrassé de sa tysrranisque soulveraisne, le peusple de faire rispaille durant huilt jours et neulf nuilts, mangeant toujours plus et enlcore dasvanltage pour gras devesnir. « C'est l'Eltat de grasse ! » reconnaîltra l'imlpayable Olaf Gabuzomeupaf qui sult faire de son pays nousvellement conlquit un moldèle de solcialsisme norsdique, prolduisanlt touljours plus de chars à bœufs et à veaux, d'où la marsque « Vault l' veau », pour de plein fouelt enltrer dans l'éspoque molderne. » (...)

Un écrit pour le moins visionnaire, une parabole qui prouve que s'affranchir de la salope paresseuse est le seul salut de l'humanité.

Que produisait madame Récamier, toute la sainte journée allongée dans son canapé à manger du chocolat ? Et toutes ces cocottes, appelées aussi les horizontales, qui se faisaient un malin plaisir, au siècle dernier, à ruiner les banquiers en leur faisant perdre leur temps et leur argent en dépenses inutiles : matelas, sommiers, hôtels particuliers (plus chics que les hôtels de passe), draps en satin, demeures en bord de mer et autres armées de domestiques pour entretenir le tout. Toutes abominations commises dans le seul but de flatter le vice hibernatoire.

Paresse : « s'éloigner du travail », nous apprend le Larousse. Et une très sérieuse étude américaine de noter que si les hommes étaient de même nature que les femmes, personne n'entreprendrait jamais rien. Nous en serions encore à l'âge des cavernes. La nature de l'homme qui l'incite à aller dans le vaste monde et bâtir est la résultante de sa nature sexuelle qui le pousse à toujours aller ailleurs, à n'être jamais satisfait de son sort, à n'avoir de cesse de l'améliorer. S'il avait la nature des femmes, il n'irait pas conquérir le monde. Il se contenterait de rester chez lui à regarder « La Roue de la fortune » en mangeant du chocolat. Imaginez avec effroi où en serait l'humanité si Marco Polo avait été en réalité une femme que nous appellerons pour l'occasion Marcelle ? Les Etats-Unis d'Amérique n'auraient point été découverts et les enfants n'auraient pas Disneyland pour s'amuser ni les fabuleux hamburgers pour s'alimenter, et de surcroît nous mangerions quotidiennement de la choucroute car nous serions tous Allemands dans la mesure où nul n'aurait chassé les embottées troupes du IIIe Reich quand celles-ci fouillaient nos terres et nos femmes ; et ça n'aurait pas été quelques troupes indiennes armées de tomahawks qui auraient pu rivaliser avec les Panzer divisions teutonnes.

En revanche, notre monde doit tout ce qui le fait régresser aux femmes, trop jalouses de leur confort matériel et moral pour s'aventurer vers d'autres horizons. La femme pense petit. Et cette salope voudrait que l'homme soit modelé à sa terrifiante image...

« Quand une bonne femme tombe de la voiture, c'est ça de moins à traîner pour la jument », disait avec finesse et justesse Alexandre Ivanovitch Kouprine. Finalement les geôliers américains ont trouvé la parade absolue aux évasions dans les pénitenciers : remplacer les boulets par des femmes ! Mais restons dans l'univers des gens honnêtes pour nous lamenter à chaudes larmes sur votre cruel et abominable manque d'ambition. Sans doute pensez-vous que ce que vous attendez vous tombera irrémédiablement tout cuit dans le bec ? Pis, peut-être y êtes-vous habituées depuis votre tendre enfance, depuis que vos grands-mères (voir cocottes ou horizontales) vous ont appris à rester désespérément passives, cette passivité étant assez curieusement proportionnelle à vos attraits physiques. « Etre belle et aimée, ce n'est être que femme. Etre laide et savoir se faire aimer, c'est être une princesse », pensait Charles Baudelaire à une époque où les princesses ne couraient ni les rues, ni les music-halls. Le même ajoutait, à votre endroit : « La jeune fille, ce qu'elle est en réalité. Une petite sotte et une petite salope ; la plus grande imbécillité unie à la plus grande dépravation. » Le poète est si visionnaire...

Constatons que certains hommes décidément trop sots savent se plier à vos quatre volontés, encourageant de fait votre vice que vous ne prenez même plus la peine de cacher. Stendhal qui n'était pas totalement crétin puisque croyant à la cristallisation amoureuse comme Béguin-Say à celle du sucre disait : « Les hommes qui ont perdu leur femme sont tristes, les veuves au contraire gaies et heureuses. » Combien de marins, combien de capitaines sont morts au travail pendant que leurs paresseuses épouses les trompaient allègrement avec le gardien du phare ? Plus tard, combien de gardiens de phare sont morts d'épuisement pendant que leur compagne les trompaient avec des gigolos rémunérés avec l'argent du ménage ? Triste réalité...

Un homme fainéant est malheureux ou clochard. Une femme paresseuse est une femme entretenue, une grande bourgeoise, une épouse modèle restée au foyer. « Si les honnêtes femmes savaient combien elles font penser aux autres... », constatait André Suarès dont une rue des plus bourgeoises porte aujourd'hui son nom. A ce propos, il est symptomatiquement remarquable d'assister à la multiplicité des films américains, comme « Pretty woman » où l'héroïne est une prostituée : si les Martiens arrivaient et ne faisaient rien d'autre que d'aller au cinéma, ils concluеraient que la principale occupation des femmes sur terre, c'est de faire la pute !

Ennemie du moindre effort, la femme paresseuse se complaît dans sa situation d'assistée, y prend goût, s'y ennuie et tombe définitivement dans le vice et la dépravation. La paresse est mère de tous les vices. Regardons pour nous en convaincre Sue-Ellen, la malheureuse épouse de JR dans Dallas, laquelle, de désœuvrement, tombe dans l'alcoolisme le plus sordide.

Cessons de nous voiler la face : revenons aux divins commandements, pour notre bonheur et pour le salut de l'humanité. Réconcilions la femme avec le travail.

De gré ou de force, ces fainéantes doivent retrouver l'entrain du travail acharné, la satisfaction du bel ouvrage admirablement réalisé, la salutaire fatigue qui gagne chaque muscle le soir venu. Leurs petites mains feront merveille dans le monde minutieux du travail moderne, requérant une grande adresse manuelle. Les gérants d'hypermarchés l'ont bien compris en plaçant de pulpeuses caissières au douloureux endroit synonyme de ponctionnement des porte-monnaies. Nos amies ont tout à gagner en travaillant dur, y compris leur précieuse santé, puisque la majeure partie des dépenses de la Sécurité sociale est imputable aux femmes. Le travail c'est la santé. Ainsi, nous ne nous sentirons plus obligés de combler de force le fameux et tristement célèbre trou de la Sécu, pour préférer combler celui de... du... non. Elevons le débat et rabaissons les bas. Nous irions ainsi beaucoup mieux et n'aurions plus le sentiment de nous faire abuser par de méprisants proxénètes qui nous attendraient en fin de journée armés de rouleaux à pâtisserie pour compter le nombre de billets gagnés dans la journée, pour nous faire des scènes quand nous rentrons tard et quand il n'y a pas assez de billets pour payer le capilliculteur ou le couturier.

Finalement, l'organisation que ces vieux vicieux de nains avaient mis au point au détriment de Blanche-Neige était assez judicieuse puisqu'ils parvenaient à vivre à sept (certes de petite taille mais à l'appétit conséquent) avec le fruit du travail de cette empotée de Blanche incapable de discerner une saine golden d'une vieille pomme au cyanure. Cette organisation idéale est aussi celle des lions, déjà étudiée ici... C'est pourquoi nous conclurons par cette phrase-manifeste, à recopier des centaines de fois : « Après les avoir troussées pour nous faire détrousser, retroussons-leur les manches » (ce qui ne doit pas nous empêcher de les trousser le soir venu).

18
La salope est avare

> « Une femme se passe de tout, rien ne lui paraît honteux, du moment qu'elle peut se mettre au cou un collier d'émeraudes et suspendre de grands pendants à ses oreilles distendues. »
>
> Juvenal

Si les diamants restent les meilleurs amis des femmes, comme disait Marilyn dont le cerveau était plus lourd que celui de la moyenne de ses congénères, c'est autant pour leurs incomparables qualités de brillance que pour leurs vertigineux prix de négoce. Inventons le diamant synthétique à trois francs six sous et nous assisterons au report d'intérêt de ces dames vers d'autres valeurs qui en ont (de la valeur).

Joli euphémisme pour dire que l'argent reste le meilleur ami des femmes. Sigmund Freud disait que l'argent et le caca, c'est la même chose. Il faut préciser que Sigmund Freud gagnait beaucoup d'argent. CQFD : les femmes sont scatophiles et coprophages. Il fallait y penser et Sigmund Freud ne devait pas beaucoup apprécier les Viennoises pour raconter pareilles horreurs à leur endroit, ou plutôt leur envers. Et nous ne pensons même pas aux pâtisseries viennoises si finement enrobées de chocolat.

Donc, l'argent sent mauvais (malgré les incomparables dires selon lesquels il serait dénué d'odeur). L'argent est une honte, l'argent est sale, détruit les hommes et les choses. L'argent est la pire des calamités. Il ne fait en aucun cas le bonheur. Les pauvres en savent quelque chose.

Et pourtant...

Les vertus de générosité se perdent aussi sûrement en nos civilisées sociétés que les portefeuilles à la station Barbès-Rochechouart. Depuis Harpagon et les antiques radins mis en scène dans les textes bibliques, reconnaissons que l'avarice était un péché qui se conjuguait plutôt au masculin, même si, paradoxalement, les principaux bénéficiaires de ces excès demeuraient ces manipulatrices qui contraignaient les faibles hommes à adopter de tels comportements vis-à-vis de leurs semblables, en totale contradiction avec les commandements sacrés.

L'avare de jadis allait du paysan qui dissimulait religieusement son bas de laine sous son matelas au patron de Zola insensible aux justes revendications salariales des travailleurs et du prolétariat, retranché dans sa tour d'ivoire avant de finir châtré par les rares dents de la Maheude in « Germinal ». Une pièce maîtresse du romantisme tel qu'il se pratiquait dans les régions du Nord au XIXe siècle.

Aujourd'hui, siècle de l'affranchissement féminin, Merci Louise Michel, vierge rougeoyante et grande figure de proue de l'alcoolisme populaire — les relents d'alcool éloignent les mâles (y compris les chats :

« C'est la mère Michel tatititatitata... ») et couperosent les visages — maintenant que les femmes sont libérées, donc, l'avarice devient une vertu dans laquelle nos amies excellent. Evidemment, cette qualité ne s'apprécie qu'à travers la haine qu'elle suscite chez les autres (bien que la salope avare vive chichement en passant à côté des meilleures choses de la vie qui sont souvent les plus onéreuses, tels les meilleures tables, vêtements, voitures, logements, et autres valeurs superflues qui font que la vie vaut la peine d'être vécue).

La pingre ne s'intéresse qu'à son relevé de compte en banque et n'envisage de vie sociale qu'à la condition expresse que tout lui soit gracieusement offert. Elle vit sans grâce en conjuguant le terme gracieux à tous les modes, quel qu'en soit le temps. Elle pense que le gratuit a meilleur goût et fait tout ce qui est en son pouvoir pour appliquer ce principe de vie absolu. Quitte à attiser encore davantage de haine sur sa personne. Elle se fait systématiquement inviter sans renvoyer l'ascenseur, si ce n'est dans d'infâmes bouibouis de quinzième zone dont le seul cadre suffit à heureusement couper l'appétit aux courageux ou aux imprudents qui auraient l'audace de venir en ces coupe-gorges.

Cette salope ignore évidemment le sens du terme remercier et ne consent à sourire pour donner le change qu'à partir d'une certaine dépense opérée en sa faveur. Enervante profiteuse, indéracinable squatteuse, hideux coucou, atroce vampire, immonde sangsue, elle vide nos bourses et nos cerveaux, elle est également voleuse à ses heures. L'appât du gain et le désir de le garder (quitte à finir la plus riche du cimetière, les plus grands et mégalomaniaques mausolées du Père-Lachaise renferment justement des défuntes) prédominent sur tout le reste. Elle est pire qu'égoïste : puante.

Mais à force de trop presser le citron, il ne reste que les pépins et c'est montrer la plus grande bêtise que cultiver ce vice, à moins de tenir à poursuivre son existence en ermite haï de tous. Une telle situation est plus économique : « Quand il y a une vieille fille dans une maison, les chiens de garde sont inutiles », pensait un Balzac toujours très Honoré.

Quel que soit son niveau de responsabilité, que ce soit dans un cadre familial ou professionnel, le moins que l'on puisse dire est qu'il n'est guère enrichissant de partager la vie d'une telle créature aussi méprisante. Tout, chez l'avare respire l'ordinaire : elle pense petit, vit chichement et finit lamentablement. Une vie pour rien. Si l'humanité était uniquement constituée de telles créatures, nous en serions encore à vivre dans des grottes, à manger des racines tout en buvant de l'eau croupie. (Ce qui est toujours agréable pour les convives rentrant fourbus du travail, comptant sur un généreux repas régénérateur.)

Tout, chez la pingre suscite la haine de ses contemporains : les privations qu'elle leur fait subir, mais aussi son moralisme resurgi des tréfonds d'un autre âge imposant de tenir des propos mesurés — petits pour ne froisser personne — et d'avoir une tête de circonstance (sourire interdit). Et nous passerons pudiquement sur ses performances amoureuses réduites à leur plus simple expression, sans doute de peur d'abîmer sa précieuse enveloppe épidermique.

Ophélie (salope) : — Du moins, c'est court !

Hamlet : — Comme l'amour d'une femme...

La salope douée d'avarice, aussi appelée « rate », se reconnaît à ses doigts crochus, à ses vêtements élimés, à son goût maladif pour l'ascétisme dont elle se veut prosélyte et à son étroitesse de caractère dont la plus grande manifestation réside dans cet exécrable manque de tolérance.

Comment venir à bout d'une telle salope ?

En l'invitant à dîner dans un excellent et très onéreux restaurant pour, le moment de l'addition venu, lui faire le coup de l'arroseur-arrosé, en déclamant le plus calmement du monde : « Je suis navré, il me semble avoir oublié mon portefeuille. Peux-tu régler l'addition, je te rembourserai... » Et de faire ce que font quatre-vingt-dix-neuf pour cent de ceux qui profèrent de telles promesses : oublier de s'acquitter de sa dette en restant sourd aux relances de l'entité salopoïdale laquelle, du même coup, passera pour une épouvantable mange-m... (voir Freud). Le plus drôle est d'ailleurs d'assister à l'allongement de ses muscles faciaux quand elle prend conscience de l'imminence du sacrifice qui l'attend. D'autant que régaler pour régaler, c'est généralement son propre estomac qui aura engouffré la plus grande part des mets facturés dans l'addition ci-devant évoquée.

Et si, oubliant son vœu de pauvreté, l'avare était tout simplement une horrible profiteuse ? Alors, se reporter aux chapitres précédents traitant de cette tare.

Finissons sur une note d'espoir : cette race de salope s'éteindra quand ses dernières représentantes clameront « Au diable l'avarice ! » plutôt qu' « Au diable la varice ! »

19

La salope est coléreuse

> « L'homme est le seul mâle qui batte sa femme. Il est donc le plus brutal. A moins que, de toutes les femelles, la femme ne soit la plus insupportable. »
>
> Georges Courteline

Septième et dernier péché capital, la colère est des plus complexe à étudier du fait de son intermittence.

Tendre, douce et calme à 17 h 23, la coléreuse est capable d'irruption sonore et gestuelle à 17 h 24. Chassez le naturel, il revient au galop. Nervosité imbécile. Epouvantable salope qui se joue de nos nerfs comme le canard de la limace ou le crétin de base du ballon de football.

Balzac qui s'y connaissait en zoologie affirmait qu'il y a toujours un fameux singe dans la plus jolie et la plus angélique des femmes. Que nos amies guenons se calment et analysons quels liens peuvent unir dans la colère Judie, Sheeta et Simone. Nous passerons rapidement sur le chapitre des bananes si chères à Brigitte Lahaie. Que nenni !

Plutôt que de nous attarder sur les causes de la colère, intéressons-nous à ses manifestations. Ainsi comprendrons-nous la similitude pouvant exister entre les deux mammifères. Quand l'animal crie, la salope hurle des insanités rigoureusement impubliables, mais que nul n'ignore pour les avoir directement subies ou entendues à travers la fine cloison séparant son propre logis où tout est luxe, calme et volupté de la piste de cirque du voisin quand la voisine cumule les rôles tenus par les clowns, la ménagerie, les jongleurs d'assiettes et l'orchestre dzim-boum-pan pour les décibels. Quand l'animal saute en l'air, les bras élégamment recourbés sous les aisselles en battant des pieds, la salope casse la vaisselle (ce qui lui évite de la faire), lève les bras au ciel en les faisant tourner au-dessus de sa tête en larges et lents mouvements circulaires, puis dans les cas paroxysmiques, sort sa valise pour retourner chez sa mère (menace qu'elle ne met, comme nous le vîmes plus haut, que rarement — hélas — à exécution.) Quand le macaque se gratte, la femme refait pour la quarante-septième fois le carrelage avant de crier à l'esclavage... Aux grands maux, les grands remèdes...

Comment calmer une coléreuse ?

Certains vétérinaires ayant depuis longtemps assimilé les vertus du seau d'eau froide pour calmer les chiennes hystériques conseillent le même traitement aux bipèdes souffrant de cette névrose caractérisée par des troubles passagers de l'intelligence, de la sensibilité et du mouvement. Rika Zaraï popularisa voici quelque temps le même traitement pour soigner les maux de tête. Les céphalées et les causes de l'hystérie prenant leurs racines dans la même boîte crânienne, nous sommes en droit de conclure à la parfaite efficacité de ce remède. Après d'importants travaux sur des grenouilles et des Hongrois, le professeur Nicu Camisolu (1927-1989) de l'Académie des sciences de Bucarest avait quant à lui trouvé le remède universel aux crises d'hystérie antisocialiste fort répandues en son pays. Ses travaux prouvèrent qu'il suffisait d'un simple clou savamment planté entre les yeux du possédé pour annihiler toute manifestation extérieure de l'hystérie.

De son côté le grand exorciste Dom Péricon ne jurait que par les gousses d'ail alliées aux crucifix. Les résultats qu'obtint cette méthode sur Madonna stupéfièrent la terre entière…

Reste la méthode la plus répandue dite la méthode de Rocky puisque mise au poing par le grand Sylvester Moulinex en personne. Elle consiste à cogner violemment la souffrante d'un uppercut au menton assorti d'un direct du gauche à la mâchoire, précédant un crochet du droit dans les gencives, se poursuivant d'un splendide coup de pied bas dans les tibias pour s'achever d'un coup de boule dans l'estomac simultanément à un swing dans les rotules. Généralement la coléreuse cesse ses gesticulations désordonnées et ses bafouillages incohérents après quelques instants de cet énergique traitement qui, de plus, défoule celui qui l'administre. « Une vraie femme sait qu'elle doit être dominée », disait le poète André Suarès en rembourrant ses gants de gros clous rouillés.

La colère mène à l'hérésie et à la folie. Nous avons déjà traité du cas de la folle. Intéressons-nous désormais à l'hérétique. Souvenons-nous de Valérie Solanis, cette américaine qui se rendit célèbre en tirant sur Andy Warhol (et en le ratant, ce qui confirme la congénitale maladresse des femmes et des hérétiques en particulier, incapables de contrôler leurs mouvements désordonnés). Cette salope, d'autant plus dangereuse qu'armée, était justement l'auteur d'un « manifeste de la salope », ouvrage qui faisait les beaux soirs de New York downtown en prônant l'élimination pure et simple du sexe masculin. Aux yeux embués de Valérie Solanis, les hommes constituaient des accidents biologiques, des monstres vivants. Soulignons la facilité que nous aurions à retourner le compliment envers nos amies les femmes et inquiétons-nous des proportions dramatiques que la colère d'une telle salope peut atteindre. Abandonnons là Valérie Solanis à sa camisole...

Sachons donc nous protéger et nous prémunir de ces irruptions aussi imprévisibles que dangereuses. Ayons toujours un seau d'eau froide, une camisole, des gousses d'ail, des crucifix, un clou et un marteau ou une paire de gants de boxe à proximité. Mieux vaut prévenir que guérir. Et n'oublions pas que la force de dissuasion constitue plus que jamais la meilleure des défenses.

Pourquoi la femme est-elle coléreuse ?

Parce qu'elle est naturellement mauvaise, cultivant ce sempiternel et pesant complexe d'infériorité qui la pousse à toujours déstabiliser autrui, en adoptant vis-à-vis d'icelui le comportement le plus injuste possible et le plus désarçonnant. Il s'agira alors de cultiver une éternelle mauvaise humeur assortie de rares éclaircies donnant davantage d'ampleur aux tempêtes orageuses, quand le temps se détériore soudain, quand le ciel se fait bas et lourd (comme le front d'une femme) pour peser comme un couvercle sur les esprits en proie aux longs ennuis.

« Il y a chez les femmes une certaine dose de fourberie. Une fois qu'on l'a mise en route, rien ne l'arrête », remarquait avec pertinence Marcel Achard.

Ainsi, la moindre étincelle devient incendie. Quand la femme cherche un prétexte pour se mettre en colère, elle le trouve. La parade consiste donc, non à éviter de donner à cette salope le prétexte qui lui permettra d'exercer son acharnement, en adoptant la conduite la plus irréprochable possible, synonyme de perte de temps et aussi de bon temps. Que nenni. La meilleure des parades réside dans sa capacité à rester insensible aux exactions de la mégère. Constatant que ces crises restent sans effet, elle deviendra de plus en plus violente et finira rongée par la folie, encamisolée en chambre capitonnée et insonorisée, quand le cœur ne lâche pas avant la raison, dans l'hypothèse où les nerfs ne génèrent pas une douloureuse et longue maladie d'origine psychosomatique à la finalité néanmoins fatale. Penchons-nous sur le cas de ces sournoises salopes toutes calmes, auxquelles nous donnerions le Bon Dieu sans confession et notre compte en banque, quand nous sommes unis sous le régime de la communauté, résolument le moins mesquin. Certains les nomment les salopes grenades parce que longues à exploser, mais d'une rare violence quand vient cette déflagration totalement inchiffrable sur l'échelle de ce crétin de Richter toujours par terre les quatre fers en l'air. Alors, saisissant le plus futile des prétextes, la bombe à retardement videra les meubles du logis, le compte en banque et racontera à la cantonade des horreurs sur le compte du malheureux et nouveau solitaire — quant au sien, cadeau de mariage, elle le garde précieusement autour de son majeur. Pour parfaire l'infernal tableau, la créature hurle généralement des insanités, sans doute à l'intention des voisins (c'est elle qui part) pendant que ses membres sont pris d'une espèce de transe se situant entre la danse de saint Guy, le parkinson, cette chorégraphie mise au point et expérimentée par Chantal Goya chez Patrick Sabatier, et ces gestes faits de convulsions saccadées caractérisant la souffrance du pauvre ivrogne subitement écrasé à la sortie du bar par le passage éclair du fameux quarante tonnes de vin italien, mouvements possédant chaque membre de la salope ; ballet s'achevant, comme dans « le Lac des cygnes », par de grands et lents mouvements circulaires qu'exécutent les bras tendus au-dessus de la tête en ébullition. Le puissant « bloup blomp bloup » s'en échappant ne laissant aucun doute sur l'hydropisie de la tête dont souffre le sujet, ce bruit s'approchant du son émis par l'hydrocéphale malencontreusement tombé dans la marmite pour que sa maman puisse enfin devenir riche et célèbre en ayant les honneurs des magazines en couleurs... Mais ceci est une autre histoire qui ne concerne que moyennement notre propos, bien que le meurtre reste l'ultime manifestation de la colère. D'ailleurs les avocats de la défense ne manquent pas de la souligner, cette colère du meurtrier (ou plutôt de la meurtrière, regardez les statistiques !) pour obtenir l'acquittement pur et simple de leurs clientes avides de sang, les yeux révulsés et la bave aux lèvres, dans une frénésie assassine telle qu'on n'en rencontre plus guère que chez certains supporters de football, sans lesquels ce sport idiot perdrait une bonne partie de son irrésistible charme.

Recentrons notre débat et replongeons-nous dans la scène du IV, quand l'hystérique salopoïdale, sous l'emprise d'une colère maintenant parvenue à son stade paroxysmique, finit son trajet dans un grand bruit de verre brisé, quelques éclats plantés ici et là autour de son visage déjà bien déformé, indiquant clairement que la donzelle vient de se défenestrer. Et le pauvre homme, dans sa grande prévoyance, de calculer les honoraires du vitrier... Quand l'abcès vide son trop-plein accumulé depuis des années, quand les résistances ne remplissent plus leur fonction régulatrice, c'est l'explosion à en faire pâlir tous les Carlos, Baader, chefs de l'IRA et autres militants d'Action directe.

Alors, reportons-nous aux mesures antiterroristes en vigueur dans notre district. Sachons nous prémunir. Gouverner, c'est prévoir et comme disait le Maréchal en 1916 : on les aura !

20
La salope est inférieure

> « La nature destinait les femmes à être nos esclaves... Elles sont notre propriété. Elles nous appartiennent tout comme un arbre dont la production de fruits appartient au jardinier. Quelle idée folle de demander l'égalité pour les femmes ! Les femmes ne sont rien que des machines à produire des enfants. »
>
> Napoléon

> « Mais rassurez-vous, car elles sont incapables d'avoir une idée personnelle. Elles croient volontiers que parce qu'elles font le contraire de ce qu'on leur demandait, elles ont pris une initiative. »
>
> Sacha Guitry

Laissons les philosophes introduire ce thème, ô combien délicat, puisque toutes les autres tares, de cette infériorité, découlent. Nous y reviendrons.

« Quand une fille dit deux mots de bon sens et qu'on l'écoute, c'est Dieu qui est là », affirmait Jean Anouilh, qui n'était pas con puisque doué de bon sens. Nous ne savons point, en revanche, si Dieu l'habitait. Poursuivons notre florilège philosophico-anthropologique avec Baudelaire. Le grand poète s'étonnait « qu'on laissât les femmes entrer dans les églises. Quelle conversation pouvaient-elles tenir avec Dieu ? ». Il semblerait que, si les voies du Seigneur devaient s'obstiner dans l'impénétrabilité, aussi sûrement que celles de Régine ou de Castel, ce soit au détriment de nos nouvelles amies. Les malheureuses que voici, laissées pour compte de la divine illumination — sans doute parce que suffisamment illuminées comme ça — et de surcroît privées de la délicieuse joie de finir leur éternité assises à la droite du grand homme.

Allons encore plus loin avec Konstantyn Galczynski. Celui-ci, bien que d'Europe de l'Est, était parfois touché par la grâce divine. Particulièrement après absorption de son troisième litre quotidien de vodka. La preuve réside dans ses vers en prose :

« Si le concombre ne chante pas,
Et ceci en aucune saison.
Il faut croire que, par la volonté du ciel,
Probablement, il ne peut pas. »

Idem pour la femme, bien qu'on puisse en trouver pratiquant la profession de chanteuse, souvent alliée à une non moins prestigieuse carrière de récolteuse de tomates. Si la femme ne pense pas (ses plaies mises à part), ne cultive aucun talent, reste misérablement faible d'un point de vue physique, c'est qu'elle ne peut être autrement. Mais dans le cas contraire, le voudrait-elle vraiment ?

Finissons ce rapide survol avec cette citation sentencieuse et sans appel de l'impayable colonel

Kadhafi : « Si l'on s'en tient à la nature, il ne peut y avoir aucune égalité entre l'homme et la femme, sur aucun plan », méditation à l'irréfutable argumentation rejoignant André Malraux, grand ami des animaux et des femmes, lequel déclarait, plein de mansuétude : « Une femme est aussi un être humain. » Fermons le ban.

Inférieure, la femme l'est assurément du fait, pour commencer, de sa taille, de l'épaisseur de sa peau et de sa force physique, nageuses est-allemandes exceptées. Intellectuellement, c'est idem. Nous l'avons déjà vu, son cerveau n'est pas constitué de la même matière que celui des hommes, et il est de surcroît plus léger que son équivalent masculin. C'est pourquoi la femme cultive cet ancestral complexe d'infériorité, parfait catalyseur de ses pires pulsions salopoïdales. Et nous voici revenus à notre point de départ. Maintenant que la boucle est bouclée, il serait peut-être temps de songer à boucler ces créatures qui empoisonnent nos vies et pompent notre air, lequel aurait déjà tendance à se raréfier... Il s'agirait là d'une courageuse décision politique à prendre qu'aucun intellectuel, fût-il de ma trempe, ne pourrait suggérer, inspirer, voire favoriser.

Faible d'esprit et de corps, certes bipède vous êtes, mais avant d'être humaine, femme vous restez. Chaque acte de la vie courante dans lequel vous intervenez, quelle qu'en soit l'importance, doit être abordé avec la plus extrême prudence, eu égard à votre terrifiante infériorité aux atroces proportions pour ceux qui, à cette règle, failliraient.

Présidente de la république ou déménageuse en pianos, la femme est incapable et dangereuse. Dans le premier cas vous recevez des bombes sur la tête, dans le second un piano à queue.

D'ailleurs ne parle-t-on point de sexe fort et de sexe faible ? Malheureusement, les forts doivent, comme un boulet, subir les désagréments de votre méprisante faiblesse : programmes télévisuels qu'il relèverait de l'euphémisme de qualifier de débiles, conversations — ou plutôt monologues — épuisantes et dénuées de la moindre lueur d'intérêt, éternel et quasi danaïdal besoin d'argent généralement employé en règlement de toutes sortes de sottises, billevesées, frivolités, chimères et, osons le terme, autres conneries pendant qu'on se casse le tronc à travailler pour vous nourrir.

Vous êtes si inférieures que les lessiviers, par l'intermédiaire d'horripilantes abruties béates (à votre image) n'ont qu'à vous dire que telle lessive enrichie lave plus blanc que telle autre pour que vous fonciez vous la procurer, persuadées que votre linge sera effectivement plus blanc. Quand l'homme fort et viril guerrier des temps modernes rentre fourbu et heureux en fin de journée après avoir déjoué le quarante-septième conflit thermonucléaire qui menaçait la planète depuis le début de l'année, vous êtes toute gaie d'avoir nettoyé les toilettes, lesquelles brillent désormais du sol au plafond. Vous savez forcer l'admiration. Votre maestria de l'infime est très grande.

Le degré de développement qui est le vôtre dans l'échelle de Darwin (moins dangereuse que celle de cet idiot de Richter) se situe entre le canari (dont vous êtes le supérieur) et l'ornithorynque (votre supérieur hiérarchique), intéressant animal appartenant à l'évoluée famille des monotrèmes. Ainsi le Larousse nous apprend que les monotrèmes semblent faire le passage entre le mammifères et les oiseaux, réputés pour l'hypertrophie de leur système cérébral. Aussi pouvons-nous traiter Mireille Mathieu de monotrème parce qu'elle chante comme un canari. Nous ne quitterons pas Darwin sans rappeler que le canari suit de très près le poulpe, la moule, l'éponge, le lombric et autres mollusques céphalopodes, autrement dit aussi intelligents que leurs pieds.

Si nos sociétés ont vu se multiplier les médiatiques cadres supérieurs, on parle moins des pourtant nombreuses salopes inférieures qui pullulent également en nos contrées. Marcelle Prout appartient à cette dernière catégorie. Dotée d'un QI nettement inférieur à son tour de cul, Marcelle mesure un mètre cinquante-sept. Nous pouvons déduire de ces premières indications que, dans sa grande mansuétude, la nature oublia de la favoriser. Marcelle dégage de surcroît de persistantes odeurs sans doute dues à sa profession d'écailleuse en poissonnerie industrielle. Les mauvaises langues prétendent que Marcelle choisit d'exercer cette prestigieuse profession dans le louable dessein de camoufler les relents nauséabonds qui s'échappaient spontanément de sa personne à l'état sauvage. Ha ! Si Marcelle avait connu les vertus des déodorants et autres eaux de toilette qui ne proviennent point nécessairement des lieux d'aisance comme trop ont encore tendance à le croire. Bref, Marcelle Prout n'est point ragoûtante. Sa vie familiale et sentimentale ne respire pas non plus la franche gaieté. M. Prout est motocycliste ramasse-crottes de chiens. Du fait de sa dangereuse profession, il est amené à glisser une quinzaine de fois par jour, ce qui explique ses permanentes courbatures et la persistante odeur qui s'échappe de son être, reléguant celle de Marcelle au rang d'agréables effluves fleurant bon la marée et le parfum Poissonnel N° 5. Chez les Prout, c'est tous les jours vendredi : maquereau le lundi, sardine le mardi, merlan le mercredi, hareng le jeudi, thon le vendredi, rascasse le samedi et bouillabaisse le dimanche. Autant dire que Salengro (c'est le prénom de M. Prout) en a ras la casquette du poisson.

« Stop-arête ! » hurle-t-il de son balcon, et à la grande satisfaction de ses voisins pétitionnaires, les nuits de pleine lune. Pourtant, Marcelle s'obstine. Ne serait-ce que pour le mépris qu'elle affiche à l'égard de ses voisins. Le couple Prout possédait un brave et gentil chien dont le caractère tranchait considérablement avec celui de ses maîtres, faisant mentir l'adage « tel maître, tel chien ». Si bien que furieuse de ne point voir dans les yeux du canidé le reflet de sa propre saloperie, Marcelle Prout insista pour abandonner le pauvre animal en l'attachant à un arbre au fond d'une humide forêt longeant l'autoroute de l'Est.

Cependant, l'écœurant courroux dont témoigne Marcelle née Moruscu, de parents immigrés roumains, ne date point d'hier. Elle cultivait déjà suffisamment de talents pour se placer durant les troubles années 40-45 au service des troupes germaniques. Alors, Marcelle était jeune et appétissante, déambulant nue sous sa veste noire aux insignes constitués de têtes de mort et d'aigles surmontant de géométriques croix de Saint-André dont chaque ligne est recourbée en son bout. La sadique n'hésitait point à l'ôter, sans doute pour ne pas la mouiller, dévoilant des seins lourds, droits et fermes, le mamelon fixé sur la ligne bleue des Vosges. Tout cela dans le noble dessein d'aider ces êtres affaiblis qu'on lui envoyait en ces humides sous-sols équipés de grandes baignoires, à se laver, principalement la tête. Elle ne sortait plus de sa cave aquatique, de laquelle s'échappaient les cris de joie caractérisant les vacanciers barbotant dans la grande bleue auxquels se mêlaient des bruits de plaisir entrecoupés de phrases déclamées dans la langue de Goethe ne laissant rien deviner de l'intensité de l'orgie à la sauce de Francfort qui se déroulait en ces sous-sols, pour la plus grande joie de Marcelle qui remontait de sa cave l'œil satisfait, le corps meurtri, l'avant-bras humide et avec le sentiment d'avoir progressé dans son long, difficile et laborieux apprentissage des subtilités de la langue teutonne. L'Aquaboulevard avant l'heure, en quelque sorte. Ne sortant plus de son terrier, Marcelle fut ainsi naturellement surnommée la « louve de la rue Laurizton », avant de changer à la Libération de sobriquet pour la « chauve vive ».

Plus tard, Marcelle se fera un honneur de troubler la quiétude des bonnes gens. Les riverains des jardins publics se souviennent de cette ombre qui, sans bruit, avançait dans la pénombre un seau d'eau froide à la main pour le vider sauvagement sur les couples d'amoureux qui se bécotaient sur les bancs publics, bancs publics, bancs publics. Evidemment, Marcelle ne cédait jamais sa place dans les queues d'hypermarchés au pauvre vieillard attendant de s'acquitter de son misérable rouleau de papier hygiénique quand son tour de poser le chargement de ses deux caddies bourrés de boîtes de bière sur le tapis de caisse était arrivé. « Z'avez qu'à faire la queue comme tout l' monde » éructait-elle alors, dégageant force décibels fortement contre-indiqués pour les sonotones, et force relents alcoolisés, également déconseillés aux personnes âgées. Et l'immonde de copieusement insulter le petit vieux et la caissière qui prenait sa défense.

Alors, dans ses pires heures de misanthropie, Marcelle Prout esquisse la toile de ce qui constitue sa vengeance de l'humanité. Dans cet esprit, mit-elle au point avec son dénégéré de Salengro Prout l'astucieux stratagème suivant : chaque soir, Salengro et elle-même échangeraient les déchets que chacun aurait emmagasiné dans sa journée. Ensuite, l'infernale et minable Marcelle prenait son poste à la poissonnerie pour farcir les poissons du contenu de son sac, dont le trajet — le transit — reste des plus élaborés. Celui-ci, initialement transvasé du système digestif de nos amis canidés au réservoir de la verte motocyclette pilotée de main de maître par Salengro transite par le sac de Marcelle pour finir son recyclage dans les entrailles des morues, harengs, maquereaux, sardines et autres vertébrés aquatiques. De son côté, l'intrépide et faible Salengro (en réalité un bon bougre totalement placé sous l'emprise de sa femme qui garde de son stage aquatico-germanique en cave quelques indéniables talents de persuasion), Salengro, donc, disperse avec application sur les trottoirs les abats de poisson contenus dans son réservoir, faisant place aux matières pour lesquelles le système d'aspiration et de stockage dudit véhicule fut conçu. Glissades, membres brisés et empoisonnements massifs sont les conséquences majeures des exactions de ce couple infernal, en passant sur l'acharnement dont il fait preuve à l'encontre des éléments les plus faibles de son entourage, sur sa qualité de bourreau d'enfants et d'animaux, son profond mépris des belles choses et du genre humain en particulier, son inexpugnable grossièreté, son esprit collaborationniste, mesquin, sadique, scatophile, bête, méchant, et en général empreint de ce qui caractérise les individus antisociaux générateurs de crises de nerfs. A défaut de tirer sur Marcelle, tirons la chasse sur ses exploits, reprenons notre souffle et revenons à notre étude de la salope inférieure.

Corollaire de votre infériorité, mesdames : vous êtes mesquines et petites. En conséquence aurez-vous sur chaque situation de la vie quotidienne, non une vue d'ensemble permettant la rapide analyse précédant l'action efficace. Que nenni ! Vous vous brusquerez au premier obstacle venu et ne chercherez pas à le contourner. Vous poursuivrez frénétiquement la petite bête pour la transformer en diplodocus aérophage. Vous aurez avancé de trois centimètres quand nous marcherons sur la lune ! Vous vous noyez dans des verres d'eau quand nous volons dans les airs. Vous noyez vos enfants quand nous lisons des magazines en couleurs...

De cette mesquinerie, votre avarice ci-devant évoquée en est l'une des manifestations, votre constante mauvaise humeur une autre. Comme les roquets, vous pensez que montrer les dents vous fait devenir respectables. Et ne tentez surtout pas, comme ces autres roquets, de singer le doberman ; vous en deviendriez totalement ridicules et grotesques. Acceptez votre infériorité, comme vous le conseillait ce gros cochon de Sigmund Freud et les vaches seront bien gardées.

Une femme de grande taille est-elle inférieure à un homme frappé de nanisme ?

Certes oui, si l'on s'en réfère à la définition de l'infériorité : « moindre en dignité, en mérite, en organisation, désavantage en ce qui concerne le rang et la force. Placé en dessous. »

Reconnaissons également que la femme est physiquement plus souvent placée sous l'homme que l'inverse, que ce soit verticalement ou horizontalement. Exit donc le phénomène de nanisme qui ne s'apprécie que sur le plan vertical.

Pourquoi Dieu qui est très bon a-t-il créé des êtres inférieurs ?

Pour que les être supérieurs — lesquels, sans les inférieurs, n'auraient point conscience de leur supériorité — puissent passer leurs nerfs.

Un être né inférieur peut-il devenir supérieur à la force de ses poignets ? Non. Pour nous en convaincre, relisons la fable de la grenouille qui voulait devenir aussi grosse qu'un bœuf. Notons également l'absence de poignet chez les batraciens. Hélas, les femmes n'ont pas encore pris conscience de l'indicible inextricabilité de leur destin. C'est bien là que réside le problème. Heureusement que les canaris et les ornithorynques sont plus intelligents qu'elles. Sinon, bonjour la chienlit !

Croyez-le, mesdames, au lieu de revendiquer pour nous casser les pieds et nous faire perdre notre temps, redécouvrez les délices de la vaisselle, du linge impeccablement lavé et rangé, des nourrissons chaudement langés, de la cuisine amoureusement mitonnée (ce sera toujours meilleur que les surgelés) et du repos du guerrier adroitement assuré. Cessez de vous disperser et de courir après quelques insaisissables chimères. Faites-en peu, mais faites-le bien. Cultivez vos uniques talents qui sont d'ordre domestique.

Soyez satisfaites et heureuses telles que vous êtes. Vous n'êtes finalement pas si mal.

Dans le noir.

« Ce qui fait le plus plaisir aux femmes, c'est une basse flatterie sur leur intelligence », disait, rusé comme un goupil, Jules Renard...

21
La salope est bavarde

> « Il y a mille inventions pour faire parler les femmes, mais pas une seule pour les faire taire. »
>
> Guillaume Bouchet, 1594
> (un précurseur !)

Et pas toujours dans le bon sens du terme, puisque nos amies les femmes sont aussi les reines du mensonge et de la médisance. En attendant d'aborder les doux rivages de ces perversions du moulinet à paroles, et pour rester fidèles à nos habitudes, nous commencerons par laisser parler les philosophes (ce qui, compte tenu du thème abordé ici, est d'une très grande logique).

Ainsi Eddy Mitchell, penseur de la seconde partie du XXe siècle après Jésus-Christ, déclamait-il les inoubliables et admirablement bien observés vers suivants, entre deux verres de scotch :

« Tu parles trop,
J'entends du soir au matin
Les mêmes mots,

Toujours le même refrain ! »

Ecoutons parler le grandissime Charles Baudelaire qui disait dans ses sonnets d'automne, sans doute à l'intention de son amante du moment, la salope Jeanne Duval, syphilitique notoire qui saura avoir la peau du génie, Charlie lui disait donc : « Sois charmante et tais-toi. » Expression qui restera gravée dans la mémoire collective pour être remise à l'ordre du jour par l'adjudant Pochard, du IIIe REP de Mourmelon-le-Grand, lequel dira à sa muse le pléonasmique : « S... et tais-toi » dans la mesure où la muge en question est généralement bien élevée et ch'abschtient de parler la bouche pleine. « Embrasure de l'obscénité et de l'engueulement » pour Léon Bloy quand Paul Adam et Jean Moréas évoquent cette « dévoratrice absurde, ignoble et solennelle qui suce nos vie [1] et vide nos cerveaux. » Emile Augier emportera le mot de la fin avec cette remarquable observation qui ne manquera point de ressusciter aussi sûrement que Garcin, le fils Lazare, qui se leva pour marcher et devenir chef de gare, la polémique : « Quand les femmes ne prêtent plus à la médisance, elles s'y adonnent ! » Impayable Mimile !

Maintenant que nous avons cadré notre champ d'investigation et d'étude, étudions.

A la différence du magma informe que nous appelons cerveau féminin, le système cérébral masculin n'est pas prédisposé à recevoir davantage qu'un certain seuil de paroles assenées quotidiennement. Dépasser cette dose engendre moult céphalées, crises de nerfs, réveille les pulsions assassines qui sommeil-

1. Avec un E.

lent en nous, bref, nous fatigue. Tout cela sur un plan strictement quantitatif. Nous n'abordons pas pour l'instant l'aspect qualitatif des inepties éructées. Les études réalisées sont formelles : l'enfant décroche à l'école après quinze minutes de cours magistral, dont la teneur reste généralement irréprochable sur le plan qualifitatif. Parvenu à l'âge adulte, les mesures effectuées par les instituts de sondage auprès des auditeurs de France Culture et autres émissions audiovisuelles plutôt audio que visuelles, bref, lesdites études démontrent que l'adulte s'endort après une demi-heure d'attention, quand c'est intéressant. Il casse son téléviseur à coups de pieds après seulement quatre minutes de lecture du dernier Marguerite Duras par son auteur.

De plus l'oreille normale ne discerne et ne supporte pas plus de trois mots bisyllabiques par seconde. D'où l'importance du débit. Quand on songe aux Kalachnikov à paroles que sont certaines représentantes de cette caste de marteaux-piqueurs à tympans, nous reprenons confiance quant à notre surarmement. Pour le prochain conflit, plus besoin d'infanterie noyautée par les rouges : nous enverrons les bonnes femmes. Sus à l'ennemi !

C'est un fait, dans l'infernale guerre sans merci que nous livrent quotidiennement ces bavardes, nous sommes insuffisamment armés contre ces bafouillages incohérents d'esprits frénétiques dans l'antichambre de la mort.

Croyez-moi, un coup de gourdin est moins douloureux que rester enfermé plusieurs heures en compagnie d'une de ces abominables vermines, effrayants et intarissables puits de nuisances sonores.

Maintenant que nous nous sommes intéressés au contenant, penchons-nous sur le contenu. Faisons plutôt l'inverse : penchons-nous sur le contenant et intéressons-nous au contenu.

Quand elle parle, la salope dit n'importe quoi, ment ou éructe des propos guidés par la médisance et la volonté de nuire. Dans tous les cas, nous finissons K.O. Alors leur but est partiellement atteint.

1er cas : Elle raconte n'importe quoi.

Quand elle nous saoule de paroles, nous noyant sous un déluge de lieux communs sans intérêt. Remarquons que la femme ivre nous saoule pareillement que la femme à jeun : les deux tiennent les mêmes inintéressants propos. Constatons encore que la femme ivre morte a au moins l'excuse de son éthylisme, alors que la même à jeun ne peut arguer que de la mollesse congénitale de ses bulbes cérébraux. Si faute avouée est à moitié pardonnée, établissons qu'hélas, ces dernières reconnaissent difficilement cet inextricable état pathologico-psychologique. C'est ce que l'on appelle parler de la pluie et du beau temps. Et ces andouilles de débattre longuement du temps qu'il faisait, du temps qu'il fait et de celui qu'il fera, avant de disserter sur le beau temps qu'il faisait, celui qu'il fait sans oublier celui qu'il fera. Certes, ce type de monologue peut susciter quelque intérêt quand il est placé dans le cadre d'un institut météorologique. Propos de café du commerce, lieux communs et autres commentaires inintéressants (voir « La salope est ennuyeuse ») constituent le reste du prosaïque répertoire de ces dames.

Laissons-nous endormir par ces assemblages approximatifs de mots suivant une construction qui se rapprocherait du « Ben » + Sujet + « Ben » + verbe + « Heu... » + complément + « C'est pas pour me vanter ! »...

Deux solutions s'offrent à nous, qui souhaitons éviter pareilles calamités : épouser une muette ou nous inspirer des Chinois de l'antiquité qui coupaient la langue et les cordes vocales (des fois que la langue repousse ?) de leurs compagnes. Aussi pouvaient-ils jouer au go en buvant du saké sans subir les effusions sonores de madame, laquelle de dépit n'avait d'autre activité possible que celle de faire une brillante et impeccable vaisselle, tâche d'autant plus délicate que les baguettes, contrairement aux croyances européennes, sont difficiles à bien nettoyer.

Alors, mesdames et mesdemoiselles, arrêtez de nous assommer, cessez de nous pomper l'air et, comme diraient Baudelaire et l'adjudant Pochard du IIIe REP de Mourmelon-le-Grand, « pompez-nous plutôt le n... (censuré) ». Ainsi, moins de sottises émettrez-vous.

2e cas : Elle ment.

« Les hommes sont les roturiers du mensonge, les femmes en sont l'aristocratie », disait Abel Hermant.

C'est une vérité première, la femme gouverne son trajet terrestre en jouant du mensonge comme le camionneur en vin italien joue du volant quand ses mains ne sont pas occupées à tenir des canettes de bière. Ha ! Le mensonge, cette discipline dans laquelle elle excelle. Remarquable comédienne, elle parvient sans mal à faire prendre aux esprits embrumés par son grand agrément charnel des vessies pour des lanternes. L'allumeuse ! La salope joue sur toute la gamme du mensonge, partant du plus anodin pour finir avec celui qui mettra sa victime en prison : « Il m'a violée. », « Il m'a volée. », ou au cimetière quand, s'adressant à Rambo, elle dira : « Il a dit que tu étais un, non, c'est vraiment trop horrible ! ». Alors, le monstre terrifiant transperce le pauvre individu de ses flèches avant de lui couper la tête au poignard de survie pour l'achever de quelques rafales de Kalachnikov bi-turbocompressée, en cas où la tête repousserait.

Nous comprenons donc l'étendue des dégâts qu'un mensonge bien asséné peut provoquer.

Evidemment, nous passerons sur les mensonges au quotidien : « Pas ce soir, j'ai mal à la tête. », « Je dois aller voir ma vieille grand-mère agonisante. » (mensonge d'autant plus flagrant que la géronte créature, à en croire ses dires, serait dans un quasi coma depuis quelque douze ans. Un bon bobard doit être renouvelé), « J'ai besoin d'argent pour soigner ma vieille grand-mère malade. » (laquelle, renseignements pris, repose six pieds sous terre depuis maintenant onze ans), « Un camionneur italien m'est rentré dedans » (après vérification, si le capot s'en trouve effectivement froissé, la véritable raison de l'incident réside dans l'effrayante inattention dont la conductrice fait habituellement preuve, laquelle ne peut avoir en même temps le pied sur le frein et l'œil sur les vitrine des échoppes chic et chères qui parsèment la grand-rue, au grand dam du transporteur en vin italien qui, depuis, boit en fermant les yeux pour oublier l'inesthétique éraflure de son train-arrière). La menteuse vous dira encore fêter bientôt son vingt et unième anniversaire alors qu'elle accuse suffisamment de printemps pour avoir joué à saute-brebis avec

Jeanne d'Arc. Fantasque et névrosée, elle s'inventera un passé et un présent aussi toc que brillant, de la même façon que les plus dangereux psychopathes se prennent pour Napoléon (cependant, force est de constater que l'un deux y parvint voici quelques années, après s'être évadé de l'asile d'Ajaccio avec son entonnoir en couvre-caporal). Les plus habiles parviennent à donner l'illusion d'être intelligentes. En fait, elles n'ont que de la mémoire et récitent un discours appris dans les revues, œuvres littéraires et autres émissions d'où jaillit l'étincelle de la pensée. Et puis Baudelaire que l'on ne pouvait suspecter d'homosexualité pensait « qu'aimer les femmes intelligentes était un plaisir de pédéraste. » Conclusion provisoire : taisez-vous et déshabillez-vous, fermez-la pour l'ouvrir ici.

Bref, la salope parle trop, parle aux mauvaises personnes, nous trompe, trompe son monde et nous cause de graves préjudices en colportant des choses fausses. Elles mentent comme elles respirent. Comme nous avons vu plus haut qu'elles nous pompent l'air, la déduction n'est pas difficile à réaliser, même pour un apprenti détective ayant fait ses classes avec Francis Lalanne.

3e cas : Elle médit.

A défaut de méditer. Et si elle médit des horreurs sur mon compte, moi, je lui dis comme Cambronne. Satanée cavité buccale, siège de toutes les vermines, abominations et poisons. Quand vous ne nous empoisonnez pas directement en nous assommant sous le poids de vos inepties, vous nous achevez par procuration, en semant médisance et zizanie. C'est bien connu, pour délier vos langues, il suffit de vous inciter à dire du bien de vous-même ou du mal des autres. Intarissables devenez-vous alors... Comme en 42 ! Mues par la jalousie et aussi par cette pulsion sadique et méchante que vous portez en vous, aucune occasion de démolir votre prochain (ou prochaine, mais là, on ne peut pas vous en vouloir) ne vous échappe. Faux ou vrais témoignages (un peu chargés), du moment que vous enfoncez la tête de votre victime, votre bon plaisir est assuré. Comme au bord de la Vologne ! Les avocats de la défense le savent bien en réfutant d'office les plus manifestement bigotes et médisantes d'entre vous.

Souvenez-vous de ce plaisant dialogue opposant Lucky Capone, chef de famille mafieuse à sa jeune et écervelée fiancée Lucy :

Lucky (le sombre costume rayé quelque peu entaché de sauce tomate et l'œil au beurre noir) « Tu as encore parlé, baby ? ! »

Lucy (se limant les ongles dans un rose déshabillé des plus affriolants, étendue à plat-ventre sur le lit, jambes levées vers le plafond et yeux restés baissés vers ses travaux manucuroïdaux) : « OK, darling, j'ai juste raconté aux flics que tu payais plus tes impôts depuis vingt ans bien sonnés, qu'une nouvelle livraison de bicarbonate est prévue pour demain 17 heures 48 dans les docks, que ton imprimerie d'oseille tourne à plein régime, que tes poulettes entrottoirisées voudraient bien rentrer chez elles ainsi que les quatre héritiers kidnappés la semaine dernière qui moisissent dans la cave du manoir de Santa Barbara et j'ai vu ton rival Sam Sufiplu auquel j'ai dit que côté repos du guerrier, heureusement que t'as tes Smith & Wesson à canon en acier trempé pour compenser parce que côté tagada, c'est un peu court, si tu vois ce que je veux dire. Pauvre loque, bon à rien, radin qui à moi, une star qu'Hollywood réclame à cor et à cri, à moi, la grande Lucy Garett, ne me donne rien. Alors maintenant, tes magouilles à la noix, tu peux te les mettre où je pense parce que moi, ciao, adios, bye-bye, moritari te salutan, bonsoir, je pars avec Sam. Alors, qu'est-ce que tu en dis, minable ?

— (Smith & Wesson à canon en acier trempé) Pwaowl.

— (Lucy Garett, totalement allongée sur le lit, écarlate trou de balle dans le front.) Arghhh !!!

— (Lucky Capone, soufflant sur le canon de son arme) Et toi, ta sottise, je ne sais pas où tu pouvais te la mettre, l'orifice anal affichant complet depuis des lunes, salope !

Colporter des ragots, vrais ou faux, est l'une de vos préoccupations majeures. Plus c'est laid, monstreux, horrible, atroce, misérable, bête, méchant, sacrilège, effrayant, minable, sournois, plus vous jouissez. Enfoncer les autres vous grandit (ce qui semble géométriquement logique si l'on se réfère à la science des segments euclidiens). Reconnaissons que vous prêtez une oreille des plus attentives à ce type d'information que vous vous empressez de diffuser auprès du plus grand nombre en chargeant sur leur aspect sordide. De Gatsby le Magnifique au comte de Monte-Cristo en passant par toutes les stars médiatiques qui désormais cristallisent toute la haine et la jalousie dont vous êtes les détentrices, combien furent victimes de vos langues de vipères placées sous l'emprise de la médisance ? Vous colportez les ragots les plus puants avec l'avidité du renard transmettant la rage alliée à celle de la mouche tsé-tsé distribuant ses vertus somnifères, telles que le sont vos sornettes sur le dernier amant de Stéphanie ou concernant les mœurs de Pascal ou de David et Jonathan. Les musulmans qui savent vivre ont trouvé la parade à vos exactions verbales, forts du commandement du grand Mahomet, lequel enseignait, voici des siècles des siècles : « Les femmes et les parfums sont subtils (c'est après qu'elles ont mal tourné. Ajoutons que Mahomet était vieux et, comme tous les hommes, il n'était pas à l'abri du rhume), aussi faut-il les enfermer. » Enseignement suivi à la lettre : tchador empêchant toute communication, séquestration derrière des hauts murs, voilà ce que vous méritez. Mais vous seriez encore capable de tellement saouler vos geôliers avec vos jérémiades que cette solution pourtant pleine de bon sens paraît utopique pour être appliquée à long terme...

Bienheureux les sourds...

« La femme a les cheveux longs et la langue plus longue encore. »

Proverbe russe

22

La salope est allumeuse

(ce titre est un pléonasme)

« Si les maris permettaient un ou deux amants à leurs femmes pour qu'elles puissent comparer, il y aurait beaucoup plus de femmes fidèles. »

Georges Feydeau

(Mille mercis à Séverine Jouve, être affranchi de tout soupçon de saloperie car auteur d'un recueil-étude sur les décadents, pour sa participation involontaire mais néanmoins vitale à la rédaction de ce chapitre)

Une des grandes fonctions de la salope est d'allumer. Oh, pas spécialement ses cigarettes... Hélas. Plutôt les incendies qu'elle déclenche chez les mâles. Les flammes de l'enfer doivent représenter la somme des cœurs, des esprits et des corps (pour les candidats à l'immolation) qu'elle surchauffe. Cette dimension pyromaniaque reste d'ailleurs la principale signification, mâtinée du légitime mépris qu'il suscite, du terme « salope » dans son sens le plus couramment utilisé. Non sans raison puisque l'allumé souffre des éclaboussures de la saloperie perpétrée à son égard. Etudions ce processus...

Ça, elles connaissent, ce qu'est administrer le supplice de Tantale : quand l'enveloppe charnelle de la femme est attirante, appétissante, alors l'homme normal qui y est confronté se sent irrésistiblement attiré, répondant à ses plus vieilles et enfouies pulsions. Tel le chien courant après la chienne, tel le hamster courant après la hamster, tel le légionnaire flairant frénétiquement le sillage de la chèvre, l'homme est sexué et court pour sauter sur ce qui reste sa femelle, ne serait-ce que dans un but purement — et alors admis par l'église — reproductif. Seulement, avant de reproduire l'espèce, et c'est ce qui sépare l'homme de la bête, le candidat amoureux doit parcourir un véritable chemin de croix parsemé d'embûches et de coups bas que l'on appelle le parcours du Tendre, ou cheminement de la séduction. Autrement, on appellerait cela un viol et tout le romantisme serait détruit. Justement, parlons-en du romantisme. Car comme le disait je ne sais plus qui, toute promesse d'idylle romanesque est inexorablement vouée au cauchemar. Ça y est, nous y voilà sur ce terrain sensible, sur lequel la garce, donne la pleine dimension de son talent sadique. « Les histoires d'amour finissent mal, en général » (Rita Mitsuko).

L'homme tombe sous le charme de la femelle. Malgré qu'il ne soit pas dupe de sa véritable nature de garce, il perdra pied et une bonne partie de son esprit critique. C'est ce que cet andouille de Stendhal appelait, sans doute sous l'emprise d'un amour anesthésiant ses facultés mentales, la « cristallisation ».

« Créature de luxe, de luxure et de perdition » ainsi vous définissait Jean Lorrain pour préciser cet épouvantable état dans lequel vous nous mettez sans que nous puissions résister. Et vous savez à quel point nous perdons pied pour pouvoir le prendre.

« Oui, Lilith, je te donnerai l'homme, je le mettrai en ton pouvoir afin que tu l'avilisses, afin que ses larmes soient ridicules, afin que ses joies soient des hontes, afin que sa maison soit un hôpital et son lit un lupanar ! Quant à la femme, j'en ferai ce que tu es... » ironisait Rémy de Gourmont.

« Si je pouvais croire à l'enfer, je ne craindrais pas d'affirmer que c'est le seul sergent recruteur du noir séjour », affirmait Octave Uzanne à votre propos, rejoignant notre postulat de base. Les salopes « ont toutes les yeux démesurément agrandis dans des faces trop pâles, couleur de camphre ou de nacre, des chairs d'hostie, et dans leurs longs cols exsangues, dans leurs silhouettes trop onduleuses ou trop droites, des souplesses de reptiles tour à tour érigés et rampants. Comme d'invisibles mains les poussent en avant dans l'ombre et dans le glissement de leur éternelle robe noire, elles entraînent, Dieu sait où, les mâles haletants de désir et muets d'épouvante... », remarquait avec justesse et sensibilité Joséphin Péladan. Etre possédé à en perdre notre sens critique nous terrifie. La dépendance amoureuse de laquelle vous vous jouez provoque cette horreur. Vous ne connaissez que trop le pouvoir de destruction que vous détenez à notre égard, si nous nous aventurions à trop vous aimer. Combien de pantins vils et grossiers, alcooliques au dixième degré avez-vous façonné ? Vous nous anéantissez « dans cette boue atroce pétrie des mains de femmes... Combien de jeunes espoirs ont succombé sous les serres de la bête de proie ! », se demandait, inquiet, Octave Mirbeau. Vous resterez le plus cruel des bourreaux, le plus impitoyable des tortionnaires, vous acharnant à mutiler et amoindrir l'homme par la castration physique et morale qui débouche sur l'impuissance et la folie. « Nous chavirons dans le naufrage de vos enlacements, nous devenons les spectateurs de notre propre destruction. Il est si douloureusement facile de se laisser noyer dans un flot de luxure, de dépravations, de voluptés artificielles. Il est si difficile d'avoir la force d'y renoncer... », disait un anonyme dandy qui en avait manifestement soupé de votre bouillon de onze heures. Pourtant, il n'y a pas de mal à se faire du bien. Nous nous y accoutumons, « comme à tous les poisons délicieux qui font vivre double, qui abrègent le tourment d'être », comme disait, en connaisseur, René Maizeroy.

Revenons de ce voyage au bout de l'enfer pour reprendre notre souffle. Résumons : vous êtes allumeuse par nature et nous sommes naturellement disposés, malgré nous, à nous laisser allumer. Là où le bât blesse, c'est quand vous nous lâchez, hagards, quel que soit le chemin parcouru, nous laissant insatisfaits et frustrés dans le meilleur des cas, fous et suicidés dans le pire. Comme le mentionnait William Shakespeare dans son Albion puritaine, « L'amour d'une femme est un peu court. Toujours trop court. »

Vous jouez de votre charme parce que vous aimez être courtisées et vous savez en apprécier les avantages : vous vous sentez plus fortes, vous avez une valeur puisque l'autre s'intéresse à vous. « Quand on est aimé, on est plus fort, je crois » Chamfort (Alain).

Vous appréciez dans cette situation également les avantages matériels qui s'y rattachent : bijoux, dîners fins aux chandelles, logement, petits cadeaux, grands cadeaux, voitures, héritages, argent... Mais vous ne donnez pas le change à la juste valeur de ce que vous recevez. Vous êtes ingrates. « Il y a dans la jeune fille toute l'abjection du voyou et du collégien. » Baudelaire avait une fois de plus raison, mais il oublie de mentionner que ces qualités d'ingratitude demeurent chez la femme mûre, jusqu'à ce qu'elle atteigne l'âge canonique pour devenir alors une vieille salope acariâtre (encore pléonasme).

« Plus c'est long, plus c'est bon », pensez-vous. Alors vous faites durer le plaisir (ou le supplice) pour continuer à être courtisées. Sans doute pensez-vous que céder éloignerait le mâle repu, ayant eu ce qu'il voulait, partant voir ailleurs vers d'autres conquêtes ? Seulement, vous oubliez qu'à trop vouloir faire durer les choses, vous vous abîmez, vous vieillissez, alors que l'homme reste valide, tel le bon vin, pour se bonifier avec les années.

Et vous ne deviendrez pas plus intéressante, âge de la ménopause atteint. Alors, vous deviendrez aigries. (voir vieille salope)

Egoïstes incapables de ressentir les pulsions généreuses et humaines de vos partenaires. Vous préférez les laisser sur le carreau, assassinés les bras en croix sous vos coups bas ? Redescendez sur terre. « Il faudrait n'aimer les femmes qu'à mi-corps s'il se peut » souhaitait non sans bon sens Joséphin Péladan.

Etudions la fable de Jojo le camionneur et de Déborah. (La bienséance voudrait que l'on écrive la fable de Déborah et Jojo, mais nous classons ici les protagonistes par ordre d'importance et Jojo et Déborah sonne mieux à l'oreille que l'histoire DE Déborah et Jojo. Deux sons en « d » qui se suivent, c'est vraiment laid, hou !)

Jojo est un fier et noble chauffeur routier parcourant les routes du Midi au volant de son semi-remorque, en cette chaude après-midi de juillet. Jojo est ivre de bonheur : ses fraîches canettes de bière sont posées sur le siège contigu au sien, l'air est pur, la route est large...

Déborah est une jeune et blonde auto-stoppeuse. Prévoyante, elle a posé un débardeur blanc largement échancré ne laissant rien deviner de ses formes appétissantes sur sa poitrine pulpeuse et généreuse. Le nombril à l'air et en mini-short, Déborah a vraiment de l'allure au bord de cette nationale. Le pouce en l'air, les lèvres entrouvertes et l'œil aguicheur, la bougresse se remarque. Ce que ne manque pas de faire Jojo, malgré ses dix-huit bières dans le buffet, qui pile son semi-remorque pour emmener, tel le prince charmant dans son carrosse, Déborah dans son bahut décoré de calendriers aux photographies de pin-ups pudiques comparées à la tenue qu'arbore la blonde pulpeuse qui s'assoit sur le siège humide à la place des canettes de bière. Le dos calé sur le dossier du siège, légèrement incliné en arrière, les jambes écartées, luisantes de quelques délicieuses gouttes de sueur, Déborah a de plus en plus d'allure.

— Bonjour, z'allez où ? s'enquiert Jojo.

— Où vous irez, répond Déborah dans un large sourire laissant apparaître une bouche gourmande, avec une voix à côté de laquelle le timbre de Marilyn disant « I love you » fait penser au bruit de la crécelle rouillée.

Et Jojo de redémarrer son quatre-vingts tonnes dans un bruissement de pneus tel qu'on n'en entend plus guère que dans les vieux James Bond, laissant derrière lui un nuage de poussière. Le vent doux caresse les visages, les yeux de Déborah se ferment à moitié tandis que s'ouvrent encore davantage ses jambes. Ses mains se perdent sous son débardeur, lequel, sous l'emprise de la chaleur, colle à sa peau. Elle en remonte légèrement l'étoffe, laissant apparaître la naissance des seins. Ses mains s'activent de plus en plus, massant, caressant, malaxant, pressant cette poitrine moite de lents mouvements pétrificateurs. La chaleur est insupportable, se ravisant, la blonde ôte d'un long et langoureux mouvement son débardeur sous lequel elle ne portait rien, dévoilant des seins fermes et lourds qui vibrent au rythme des turbulences de la route. Jojo essaie de garder les yeux fixés sur la nationale, aux prix d'insensés efforts de concentration. Déborah halète : « Hoooo !!! Haaaaa !!! Whoorff ! Rhâââ... Glaaaa !!!! », les lèvres ouvertes, la langue coincée sur le dessus du palais. Jojo sent l'émotion s'emparer de son être. Alors Déborah descend doucement les mains de son buste pour que celles-ci puissent finir leur trajet au bas de ce ventre ruisselant et pris de tressautements, la première main s'engouffrant à l'intérieur du short pendant que la seconde s'activait à en défaire les boutons. Déborah gémit de plus en plus fort ! « Ouiii... Rhââ !!! Haarrghh !! Broooufttt... »

En pouvant de moins en moins, Jojo décide dans un souci de sécurité de ralentir la vitesse de son camion et entreprend de changer de vitesse. Hélas, sans doute du fait de l'émotion, sa main droite rate le levier et s'échoue sur la cuisse de Déborah. Alors se déclenche l'ouragan, la tempête, le tremblement de terre de force 14 sur l'échelle de cet hydrocéphale de Richter qui s'arrête à 10. Déborah flanque une magistrale gifle dans la figure de Jojo en hurlant : « Non, mais ça va pas, non ? Y se prend pour qui celui-là ? » pendant que Jojo pile net son camion, comme il le fit voici vingt minutes quand il prit Déborah. Laquelle créature se rhabille prestement, montre un splendide majeur tendu à Jojo avant de lui envoyer une canette de bière encore pleine dans l'œil droit (un œil à la bière noire en perspective), jet suivi d'un non moins violent coup de sac à dos sur la tête. Jojo sonné, la salope sort de la cabine du camion en claquant la porte, tout en hurlant des insanités sur le compte de l'infortuné camionneur. Triste fable. Nous sommes tous des Jojo en puissance (si l'on peut s'exprimer de la sorte) et toutes, vous êtes des Déborah cruelles et allumeuses.

Toute femme qui ne dissimule point ses formes, ses justements nommés appas, est une salope potentielle. A plus forte raison quand elle déambule en minijupe, vêtements largement échancrés ne laissant rien deviner de ses formes, décolletés vertigineux, balconnets pigeonnants, sous-vêtements, rouge à lèvre provocant, escarpins à talons élevés et pointus, porte-jarretelles à peine dissimulés de la vue de tous et autres frous-frous affriolants. Et qu'elle ne s'étonne point de déclencher sur son passage de la part des mâles normalement constitués d'intempestifs quolibetoïdaux : « Wouah, la salope ! »

Elle n'a que ce qu'elle mérite. Elle se plaindra

ensuite d'avoir été violée parce qu'elle se baladait en minijupe et débardeur largement échancré ne laissant rien deviner de ses appétissantes rondeurs en pleine nuit dans les ruelles sombres et étroites qui ceinturent le camp militaire de Mourmelon-le-Grand. Ces créatures ont parfaitement conscience de l'implacable désir qu'elles font monter auprès de la gent masculine. Elles s'en amusent et en jouent. Vicieuses, perverses ! Fleurs de l'enfer, avilissantes sous des dehors angéliques et charmants. Et puis viol, c'est vite dit : peut-être que les hommes étaient consentants !

Nul ne peut échapper à l'exhibitionnisme forcené des allumeuses. Même les aveugles sentent leur odeur faite d'un délicieux fumet. Dans la rue, à la télévision, au travail, dans les réunions de parents d'élèves, en famille : la salope est partout. Elle nous ceinture, alors défaisons-la. Encore une fois, gloire aux musulmans d'avoir instauré le port obligatoire du tchador emmitouflant et du large vêtement se rapprochant davantage de l'austère sac à pommes de terre que de la seyante djellaba. L'ayatollah Khomeiny avait raison.

Et chez nous ? Une seule solution s'impose contre ces impies : toutes en col roulé. Retournons au Moyen Age : en armure, comme la pucelle ! Reconnaissons toutefois à la célèbre femme de lettres Marguerite Duras sa qualité de précurseuse en ce domaine. Ainsi, pouvons-nous la disculper d'appartenir à la catégorie des salopes allumeuses. Dans le cas contraire, l'allumé relèverait davantage de la psychiatrie appliquée que de la volupté.

Avant de clore ce douloureux et important chapitre, mentionnons pour la bonne bouche (!) ces allumeuses qui vont toutefois plus loin que leurs collègues saintes nitouches intouchables dans la mesure où, après d'interminables atermoiements, trop désirées, par faiblesse, par fatigue et sans doute encouragées par un soupçon de nymphomanie (voir « La salope se complait dans la luxure »), les allumeuses se laissent enflammer et cèdent. Un peu, beaucoup, passionnément (sous l'emprise de la boisson). Jamais davantage. Plus dure en est la chute. Car sa véritable nature reprend le dessus et, même apparemment conquise, cette exquise salope reste quand même réfractaire à toute tentative d'approfondissement ou de communion affective. Un petit baiser, un gros, une nuit de débauche, une semaine et c'est déjà la fin. La salope pose le point final. Elle peut difficilement faire plus du fait de son illettrisme. Son téléphone ne répond plus, son répondeur n'obéit pas aux injonctions de rappeler celui qui se consume, elle ne sait manifestement pas lire les lettres ou télégrammes qui lui sont envoyés. Silence radio. Que c'est mal de faire souffrir les gens. Vous devriez prévenir. Nous devrions savoir à quoi nous attendre.

« Poussière tu es, poussière tu finiras. » Parvenue à ce stade décomposé, la salope allumeuse perd tout attrait et tout rentre dans l'ordre. Bien qu'elle soit encore capable d'allumer Satan pour bénéficier de ses si familières faveurs...

N'accusons pas la fatalité.

Elevons-nous contre l'aliénation de l'amour et celle des amoureux transis en asiles psychiatriques. Inventons la volupté nouvelle faite de séduction et de sensualité. Réaffirmons les règles du nouveau jeu amoureux qui excluerait toute tentative de triche. Quant à nous, ne nous laissons plus abuser par ce miroir aux alouettes dans lequel nous sombrons trop souvent à la plus grande joie de ces infâmes créatures. Après quelque temps de purgatoire, elles nous courront après ! Elles nous mangeront dans la main ! Parole, mon frère !!

23

La salope est aussi, bien que rarement, brillante

« Elles se disent libérées mais, dans leur tête, elles sont encore en crinolines, ces connes ! »

Guy Bedos

« La femme qui s'éloigne de son sexe retombe à l'état de femelle, bavarde, impudique, paresseuse, sale, perfide, agent de débauche, empoisonneuse publique, une locuste, une peste pour sa famille et la société. »

Proudhon

Exceptionnellement, certaines femmes se détachent du troupeau, tel le vilain petit canard. Elles affichent une intelligence supérieure à la norme, réussissent dans leurs affaires, sont ambitieuses, organisées et savent mener, apparemment, une vie personnelle des plus harmonieuses : exécutive women dans la journée, mamans attentionnées en début de soirée et vamps marilyniennes quand l'heure des voluptés sonne.

Hélas, tout cela n'est que poudre aux yeux, bonheur stéréotypé pour spots publicitaires béats à peine capables d'informer les ménagères du pouvoir de blanchiment supérieur de telle poudre à laver par rapport à sa concurrente à base de charbon. En réalité, le prix de cette béatitude est des plus élevés. Il fait le bonheur des laveries automatiques, fabricants de surgelés, garderies d'enfants et producteurs de programmes télés pour ces petites larves qui se gavent, imbéciles heureux, de ces inqualifiables dessins animés japonais. Les qualifier de débiles, abrutissants, violents, mal doublés, incompréhensibles et laids relèverait de la miséricorde pléonasmique. « La femme perdra toute féminité en mettant les pieds dans un bureau », pronostiquait Alexandre Dumas-Père. Quand cette salope de maman travaille, papa boit et les enfants trinquent.

Pourquoi papa boit-il ?

Parce qu'il supporte de plus en plus difficilement le spectacle dégradant de ses enfants vautrés à toute heure devant la télé à regarder des inepties en se gavant de sucreries précédant les surgelés au goût de carton. Seul, le vin trouve à ses yeux une saveur d'authenticité. Quand maman rentre le soir, elle est énervée par ces Japonais qui ne se décident toujours pas à signer les contrats, par les quatre PV brillamment obtenus (cette femme est décidément de plus en plus éblouissante, remarquons que son comportement en voiture se rapproche de celui qu'affectionne la salope « ne sachant pas conduire » : elle, d'ordinaire si posée devient, au volant de sa mini cabossée vulgaire et grossière à en faire pâlir l'adjudant Nerdebœuf du IIIe REP de Mourmelon-le-Grand après son troisième litre de Valstar). Résultat des courses :

madame joue l'arlésienne et quand elle fait relâche, c'est pour mieux distiller sa mauvaise humeur dans le cadre de sa cellule familiale. En conséquence, privés de l'affection de leur maman, les enfants oublient de faire leurs devoirs (« si c'est pour être comme elle, non merci », confesse Jérémie, 7 ans et demi) et deviennent d'abominables cancres, adeptes du brigandage, du hooliganisme et de la voyouterie dans leur dimension la plus abjecte.

La situation n'est pas plus enviable pour monsieur ; quand elle rentre le soir, madame est si énervée que « c'est tintin pour le golo-golo » confesse, des trémolos dans la voix, Jean-Dominique, cadre commercial de 32 ans, à moitié sourd et menacé de licenciement en raison de ce handicap l'empêchant d'accomplir pleinement sa tâche, quand il n'est pas à la sortie des classes, faisant augmenter le ratio de l'absentéisme dans son entreprise modèle, ou quand il n'est pas de mauvaise humeur, faisant baisser le taux de productivité de son entreprise productive puisque rachetée par des Japonais (ceux-là mêmes qui se tâtent de signer le contrat avec la compagne du monsieur désormais chômeur, alcoolique et sourd comme un pot).

L'histoire se termine au choix par un retour aux terres : Monsieur part avec les enfants se ressourcer dans un élevage de chèvres des hauts plateaux du Larzac pendant que madame entame sa cure de repos en Suisse ; par un divorce : Monsieur entame la procédure pendant que madame accumule les amants de passage aux yeux bridés (elle a de la suite dans les idées) ; ou par un suicide collectif, qui se rapproche quelque peu du retour aux terres dans la mesure où tout le monde se retrouve après un mémorable Fort-

Chabrol inhumé six pieds sous cette terre ci-devant évoquée.

Moralité, ou morts alités : fuir ce modèle de salope si par malheur votre chemin devait croiser le sien. Préférer une dinde à une doctoresse honoris-causa.

« Toutes les femmes, même les dévotes et les sottes, s'entendent en fait d'amour », disait présomptueusement Balzac. Faux, comme nous l'avons vu pour les plus brillantes, cette sentence ne s'applique donc pas à toutes les femmes. Préférer les dévotes et les sottes. Aller draguer devant les couvents.

> « Grands pieds, grands bras, grandes oreilles, voilà trois choses, par exemple, que vous trouverez invariablement chez toute allemande, qu'elle soit du Nord ou du Sud. »
>
> J. Grand-Carteret (1887).

24
La salope mène l'humanité à sa perte

> « Si la femme était bonne, Dieu en aurait une. »
>
> Sacha Guitry

Souvenons-nous avec émotion du bon vieux temps de jadis, quand les mariages étaient imposés, arrangés depuis longtemps, de famille en famille, avant même parfois que les futurs époux ne soient conçus... Alors madame était totalement soumise à monsieur jusqu'à sa mort. Naturelle dans le meilleur des cas, maricide dans l'autre. Nous avons vu au cours de précédents chapitres que les peuples les plus civilisés (Iran, Irak, Burkina-Faso oriental...) savent perpétrer cette tradition d'un raffinement somme toute exemplaire, dont nous ferions bien de nous inspirer. Justement, nous avons mis le doigt, si je peux m'exprimer de la sorte, sur le point sensible qui nous amène à réfléchir sur la triste époque que nous vivons. Siècle des lumières, comme dirait Ray Charles, siècle de l'atome comme disent les Savoyards, et siècle de dérèglement des valeurs, de chienlit, d'anarchie, de lubricité, de laisser-aller, d'immigration, de métissage culturel, de propagation de maladies « zoophilo-tropicales », de triomphe de Francis Lalanne et autres perversions qui causèrent l'anéantissement des villages de Sodome et Gomorrhe, comme dit Jean-Marie Le Pen. Résultat : les femmes se croient tout permis et en arrivent même à demander le DIVORCE. Le mot est lâché. Nos amis civilisés couperaient la tête de la femme adultère. Ici, c'est le cornu qui lui verse des pensions alimentaires pour que madame continue de se gaver de foie gras, caviar, champagne et saumon rose en continuant de se les rouler. STOP !

Madame veut vivre, madame ne veut plus attendre, madame veut s'éclater et vlan, madame laisse éclater sa pleine dimension ordurière en cassant ce que Dieu créa de plus sacré : la cellule familiale. La mère, le père et l'enfant. Tout en brisant naturellement les c... de son futur ex-conjoint. Ces salopes s'arrangent alors pour faire porter l'ensemble des torts à leurs ex-cons joints. Le juge (souvent une femme) remet la garde des enfants à madame. Et le travail de sape, le conditionnement peut commencer sur ces esprits encore perméables et fortement influençables par Goldorak, Chantal Goya, Dorothée, l'œuvre de José Bénazéraff ou par le départ de « ce salaud de père qui abandonna le domicile, ne se souciant guère du sort de nouzotres, sniff, c'est pas juste... »

— Pleure pas maman, tu es la plus belle et papa il est méchant ! Quand on sera grands, tu verras ce qu'on en fera de tous les papas...

— Mes petits chéris, heureusement que je vous ai...

Salopes ! Rancunières sans envergure. « Toutes les

femmes sont comédiennes à part quelques actrices », lançait encore Sacha Guitry qui ne s'en laissait pas compter par vos mesquineries, vous qui ne savez qu'assouvir ce pervers et nauséabond désir de revanche qui vous habite. Vous cultivez cette misérable étincelle de vengeance qui vous ronge, vous exercez une minable et lâche propagande anti-mâles sur des petits êtres fragiles et malléables. Vous n'êtes que d'immondes usines à fabriquer des salopes et des lesbiennes pour les temps futurs, quand la ménopause vous aura atteintes. Après vous le déluge, pensez-vous, quand vous n'êtes pas capables de produire une quelconque activité cérébrale. « Si vous vous demandez comment le monde sera demain, pensez à ses enfants aujourd'hui », nous conseille l'Unicef... Ça fait froid dans le dos.

De la même façon que le célèbre pervers helvétique Jean-Jacques Rousseau se chargeait d'éduquer à sa façon le pauvre Emile (d'où l'expression « mettre — ou Maître, les plus éminents linguistes y travaillent encore — dans l'Emile ») pour en faire un être déséquilibré à son image, plaignons aujourd'hui toutes les petites Emilie odieusement manipulées à des fins partisanes par leurs génitrices. Résultat : le déséquilibre s'agrandit, la flotte de salopes augmente dans des proportions inquiétantes. Conséquence : l'humanité court à sa perte, comme on dit chez les cocos lettrés. Quand toutes les femmes seront devenues, dans deux ou trois générations, des salopes, alors les chevalières de l'apocalypse pourront sonner leur glas sinistre. Et l'humanité pilotée par ces amazones trépanées et mamelues sombrera dans les ténèbres. Alors le

Malin aura définitivement gagné son combat pour anéantir la planète.

César baissait le pouce pour envoyer ses gladiateurs vaincus ad patres, tout en levant autre chose pour faire taire cette andouille de Messaline. Ces salopes lèvent le médium pour expédier un amant ou un mari déchu au fond du mépris. Mais l'objectif reste similaire : se débarrasser de ceux qui ont fait leur temps. Des gestes sans appel, un rien vulgaires (« Mfouiii » approuve Messaline en remuant fortement la tête de bas en haut pour approuver), des gestes qui viennent des tripes plutôt que du système cérébral... Là réside — ou brille plutôt par une certaine et non moins cruelle absence de matière grise — le problème.

Une seule solution : réglementer le divorce, exiger des juges mâles et ne plus confier la garde ainsi que l'éducation des futures forces vives de la nation à leur mère. Leur en confier à la rigueur la garde (alimentation et propreté de l'enfant) à l'exclusion de toute possibilité de conditionnement. Mais le mieux serait de revenir à l'usage de jadis : d'interdire le divorce et de confier les enfants à des précepteurs. Des hommes, des vrais, doués de culture, de bon sens et de cette solidité que l'on ne retrouve que chez certains spécimens de vieux chênes des forêts bretonnes. Alors tel le phénix, l'humanité renaîtra, évoluant de la décharge à la charge victorieuse. Comme diraient Brigitte Lahaie et Messaline en s'essuyant les commissures des lèvres...

25

En bref : tout ce qui fait encore la salope

« Dépourvue d'âme, la femme est dans l'incapacité de s'élever vers Dieu. En revanche, elle est en général pourvue d'un escabeau qui permet de s'élever vers le plafond pour faire les carreaux. »

Pierre Desproges

« Les femmes sont un sexe décoratif. Elles n'ont jamais rien à dire, mais elles le disent de façon charmante. »

Oscar Wilde

Cahin-caha, nous avons dressé le réquisitoire le plus exhaustif possible, tant que faire se peut, des tares dont s'affuble la race des salopes. Toutefois, nous ne saurions oublier les tares dites secondaires, dans la mesure où moins répandues en nos contrées, ou aux implications plus légères. Certaines découleront de chapitres déjà abordés. N'y voyons point radotage ou désir de noircir davantage de papier pour gagner toujours plus d'argent sur le dos de ces pauvres créatures du Bon Dieu. Que nenni ! Loin de moi cette noire idée entachée de la vénalité la plus grossière.

— La salope est injuste. Elle ne s'adapte pas au monde, mais c'est le monde qui doit s'adapter à son caractère tordu et à ses idées toutes faites provenant d'une autre dimension. Nous lui devons l'organisation des pires tribunaux et la conduite des pires procès. Inquisitrice dans l'âme, tortionnaire dans les faits vis-à-vis de ceux qui ne s'aplatiraient point devant ses extravagances d'esprit et de faits. Allez lui expliquer que la terre fut ronde quand elle était persuadée du contraire. D'où ce permanent décalage entre la réalité objective et l'éternel mauvais caractère qu'affichent complaisamment ces foutues garces.

« Les femmes sont extrêmes », déclarait La Bruyère. « Extrêmement sottes », répondit l'écho !

— La salope est vicieuse : si l'impayable Alcibiade était bien le plus élégant débauché d'Athènes, la salope en est la plus vulgaire. Nous avons étudié cette qualité dans le chapitre consacré à la luxure. Mais le vice s'applique également au comportement que vous adoptez dans votre vie quotidienne. Corollaire de votre esprit tordu, chaque acte courant devient l'objet de calculs grossiers, de coups bas et de manœuvres dont la seule finalité est de vous profiter davantage. Vous empoisonnerez le bol de potage de votre compagnon pour hériter, vous noierez la chair de votre chair pour faire la couverture des magazines d'information en couleurs, vous empoisonnerez la vie de vos collègues pour les acculer à la démission et mieux conquérir leur place, quand vous ne les couvrirez pas de boue pour les mener au suicide. Comme au billard, un jeu qui se joue pourtant avec des queues et des boules, vous ne pouvez aller droit au but. Vous y parvenez par des chemins détournés, d'autant plus douloureux pour celui qui en subit le courroux. Tels le scorpion et Mireille Mathieu, la vicieuse ne trouve sa raison de vivre que dans les coups qu'elle peut assener ici et là. Il suffit de ne pas se trouver sur son passage.

— La salope est frivole : dans l'écume de la bouillonnante bouillie qui lui sert accessoirement de système cérébro-moteur siègent toutes les pulsions de frivolité. C'est-à-dire les pulsions contraires à celles qui véhiculent les notions de profondeur, à celles qui permettent aux esprits sophistiqués de discerner ce qui est important de ce qui ne l'est pas. Une qualité, reconnaissez-le, désespérément enfouie dans vos tréfonds neuroniques les plus inaccessibles à l'entendement. Résultat : vous achetez la petite robe noire à pois verts alors que vous n'avez point les moyens de nourrir convenablement vos douze enfants, vous perdez votre temps à choisir des produits de maquillage quand il ne vous reste plus que trois minutes et vingt secondes pour rejoindre l'abri anti-atomique le plus proche, distant d'à peine 400 kilomètres. Nous vous entretenons (entre autres) de l'avenir de la planète et vous faites l'apologie de la garde-robe de Raïssa Gorbatchev. Nous vous parlons famine dans le monde, vous nous répondez que vous reprendriez bien un peu de foie gras. Nous devisons de Toulouse-Lautrec, vous pronostiquez la victoire de Toulouse. Nous travaillons dur pour ramener quelques malheureux ducats à la maison, vous les jetez par la fenêtre.

Quand vous les utilisez pour le foyer, c'est généralement dans celui de la cheminée. Vous méritez d'y finir.

— La salope se noie dans un verre d'eau. Quand elle ne noie pas sa progéniture. Vous êtes superficielle, frivole, vous n'avez aucune notion de profondeur. Résultat : vous stoppez net au premier obstacle alors que vous pouvez le contourner, le sauter — comme dirait le satyre du bois de Boulogne — ou passer en dessous. Le moindre petit tracas ménager prend des dimensions de catastrophe irrémédiable, de cataclysme. Vous êtes petites. Vous vous engluez dans vos taches ménagères jusqu'à perdre de vue le monde qui entoure votre cuisine au carrelage maniaquement lustré. Le robinet qui fuit vous met dans tous vos états, à en gâcher l'existence de ceux qui partagent la vôtre, quand la turbine de la centrale nucléaire distante de quelques kilomètres se met également à fuir. Résultat ; eau irradiée et buveurs désintégrés. Finir réduits en cendres sur le carrelage impeccablement nettoyé. Quelle triste fin !

— La salope est dangereuse : écervelée, elle remplacera la bouteille d'eau minérale par de l'arsenic pour ses vieilles dentelles. Elle vous proposera la place du mort quand elle prendra le volant. Sous l'emprise d'une brusque colère, elle vous saignera comme un porc ou vous abattra comme un lapin. Consciemment ou non, elle racontera des horreurs sur notre compte. Volontairement ou non, la femme finit par détruire physiquement ou moralement celui qui la fréquente de trop près. Sans parler des nouvelles maladies qu'elle peut également transmettre, en faisant mine d'aimer. « Depuis Adam, il n'y a guère de méfait en ce monde où une femme ne soit entrée pour quelque chose », concluait William Makepeace Thackeray dans « Barry Lyndon ». Quoi que nous soyons amenés à faire ou à conclure avec elles ; avec nous ou malgré nous, nous nous exposons. En conséquence, un seul mot s'impose : prudence !

— La salope incarne la décadence. Elle est synonyme de descente aux enfers. Ange noir de Belzébuth, dévoratrice, destructrice de nos ouvrages, vous nous entraînez vers la facilité, vers le néant de votre pensée, pour mieux nous avilir, pour nous conformer à votre image. Ainsi vous sentez-vous moins seule et moins frustrée d'être écartée des grandes choses de ce monde, puisqu'en poussant votre misérable raisonnement jusqu'à son terme, votre réussite sera totale quand cette planète sera vide de grandes choses. Quand le vent de l'imbécillité l'aura soufflée. Vous nous étouffez sous votre carcan obscène, sous vos griffes charognardes au bout desquelles seul subsiste le sombre et brûlant gouffre de l'enfer dans lequel s'abîme toute résistance à la bêtise et à la débauche. « Me voici au fond de l'abîme, c'est-à-dire au faîte. Je suis Dieu », écrivait Jules Bois. Iwan Gilkin ne restait point en manque :

« Ton âme satanique en mon âme s'infiltre.
Mon cœur boit ta présence impure comme un filtre
Et je ne connais plus le Dieu que je servais. »

— La salope est intéressée. Comment retranscrire, sans heurter une fois de plus la bienséance, ce dicton particulièrement répandu dans la région du IIIe REP de Mourmelon-le-Grand, qui dirait à peu près ceci : « Ce ne sont pas les péripatéticiennes qui manquent, mais l'argent. » Car une femme n'est jamais intéressée par la brillance de pensée ou par les prouesses amoureuses des hommes. Réfractaires à toute notion de sentiment ou de plaisir charnel, les femmes simulent à certains moments pour jouir à d'autres des avantages matériels dont elles disposent. C'est dans le rapport Kinsey. Comment ne pas mépriser ces petites dindes « éblouies par le luxe en façade des gros faiseurs d'affaires » qui indignaient Jean Lorrain ? Comment ne pas être traversé à l'instar de Joséphin Péladan de pulsions meurtrières devant l'affligeant et dégradant spectacle de celle qui « joue de sa feuille de vigne comme d'un éventail » ?

Cessons de nous illusionner, donnons-leur trois francs six sous et qu'elles nous laissent tranquilles !

— La salope est inefficace et improductive. Comme disait Landru en épousant sa quatorzième épouse, fille de meunier : « on ne peut être au four et au moulin ! », maxime qui résume le problème de nos amies : on ne peut passer son temps à colporter des ragots, souffler le vent de la discorde et de la bêtise, à courir les boutiques de colifichets pour dépenser l'argent du ménage, à noyer ses enfants ou à astiquer pour la douzième fois de la journée le même carrelage de la cuisine (à défaut de la faire), à se concentrer avec une application maniaque à des tâches bêtes et subalternes, bref, on ne peut s'occuper tel que vous le faites et en même temps construire l'avenir radieux des générations futures. Boire ou construire, il faut choisir. Heureusement que les hommes compensent vos manquements, trop bons qu'ils sont. Et ne répondez pas que vous travaillez. Regardez les professions dans lesquelles vous excellez : contractuelles, concierges, publicitaires, militantes communistes, chanteuses de variétés, championnes de ski ou de vélo, j'en passe, et des pires... Heureusement que l'humanité n'attend pas après vous pour évoluer. Que nul détective ne cherche encore à identifier le chaînon manquant, il est tout trouvé !

— La salope est inculte car elle n'est qu'un cul. (voir aussi « la salope est bête »)

— La salope est paranoïaque. Conséquence de sa mégalomanie, cette malade mentale s'imagine être si importante que la terre entière la persécuterait de sa jalousie. Petite sœur de l'orgueilleuse (voir le chapitre qui lui est consacré), la paranoïaque se braque à la première réflexion : « Tiens, aujourd'hui, il fait beau ! »

(ton hargneux) « Qu'est-ce que tu veux dire là ? Dis tout de suite que c'est moi qui fait tomber la pluie parce que je suis moche... Bhouuuu... C'est un complot !!! Re-Bhouuuu... M'en voulez tous !!! Houuuuu... Houu... M'aurez pas !!! Hahahaaaaaaa !!! Snifff !!! Rere-Bhouuuu... Ad lib. (sanglots longs de l'automne, quand le temps se détraque).

Son sac à main regorge de bombes paralysantes qui explosent généralement dans le métro aux heures de pointe, pour le plus grand bonheur des passagers enchevêtrés les uns contre les autres, de vitamines et autres produits anti-attaques microbiennes. De surcroît, partant du postulat qui voudrait que la meilleure des défenses soit l'attaque, ces dames se sentent presque obligées de déployer une agressivité sans égal au détriment de leurs contemporains. Elena Ceausescu appartenait à cette catégorie. On voit où ce comportement l'a menée. Ses craintes étaient donc fondées... Qui sème le vent, récolte la tempête.

— La salope cultive la curiosité mal placée. Ragots, potins, cancans, bruits de vécés : elle en raffole comme la mosca diptèrus muscidum se délecte des matières malodorantes. Comme pour sa consœur mouche, cette salope appréciera particulièrement toute matière relative aux affaires de fesses de ses concitoyens. Plus l'information est perverse et humiliante, plus avidement elle la colportera. Jalouse de la vie et du bonheur d'autrui, elle se fait un crétin plaisir à le démolir dans la mesure des illimités moyens qu'elle s'octroie. Ici, elle espionnera ses voisins à la longue-vue pour dès le lendemain faire le rapport complet de ses observations les plus intimes ou sordides auprès des commères du district. Là, elle épluchera la presse à scandales. Les malheurs des grands qui y sont complaisamment exposés l'aident à mieux supporter les siens. *A contrario*, cette immonde raclure de commodités ne cultive aucune curiosité à l'égard du monde qui l'entoure : art, événements d'actualité, découvertes scientifiques ne flattent pas suffisamment ses bas instincts comme un bon jeu télévisé durant lequel d'anonymes crétins en lesquels elle peut aisément s'identifier emportent force fours à micro-onde ou encyclopédies en quatre-vingt-seize volumes. (Dans ce fâcheux cas, ils doivent se résoudre à apprendre à lire, prouvant qu'indirectement la télévision comporte une dimension éducative.)

C'est encore ce type de salope qui scrutera à la loupe les vestons de son compagnon sombré dans le repos du juste, dans l'espoir d'y débusquer quelque cheveu blond (si elle est brune), brun (si elle est blonde), blond, brun, châtain, roux ou tout ce que vous voudrez (si elle est chauve). C'est cette secrétaire qui fouillera dans l'agenda privé de son chef pour y débusquer d'intéressants sujets à commérages.

Le plus sûr moyen de venir à bout de cette harpie est de la prendre à son propre piège, de cultiver à son encontre et à titre préventif la même malsaine curiosité qu'elle pourrait déployer à notre égard. Rien ne doit vous échapper : ses manies les plus inavouables, la marque de papier hygiénique qu'elle utilise (si le recyclage de ses infamantes lectures ne pourvoit point à cet usage), ses performances amoureuses (fréquence, partenaires, comment, combien de fois, temps de récupération entre deux assauts, où, perversions expérimentées, manquements... Chacune de ces questions doit obtenir sa réponse, si possible photographiquement palpable. Toute bonne officine de détective privé y satisfait), l'état de son compte bancaire, ses sorties, beuveries, sectes fréquentées, associations douteuses dont elle serait membre, vices, achats réalisés en insistant sur les plus inavouables : pharmacopée, accessoires en caoutchouc... Vous devez tout connaître de sa vie et le lui faire savoir. Ainsi reposent les fondements et l'efficacité de cette inaliénable doctrine de dissuasion si chère à notre patrie. C'est à ce prix que l'on obtient une paix durable. Et ils sont nombreux à se demander le style de photographies que le Pentagone pourrait détenir sur le couple Gorbatchev !

— La salope ne comprend rien aux arts. Nous avons vu que les femmes n'avaient guère contribué à la production artistique des derniers millénaires. Actrices ou spectatrices, elles cultivent la même imperméabilité teintée de dégoût imbécile à toute appréciation de ce qui doit lumineusement l'être. *A contrario*, l'engouement dont elles témoignent pour les arts mineurs tels que la variété dans ce qu'elle incarne de plus vulgaire constitue une véritable insulte aux génies de certains grands hommes. Musiciens, peintres, sculpteurs, biologistes, écrivains, poètes, architectes, cinéastes, comédiens, dramaturges ne sont rien comparés à telle nymphette ondulant du postérieur en miaulant dans un micro d'une voix crécellococaïnée, comparés à tel comédien auquel tout producteur fait appel quand il doit pourvoir un rôle d'abruti. Vous vibrez pour ce qui finira dans la poubelle de l'histoire, vous méprisez de tout le dédain dont vous êtes capable les êtres véritablement sensibles, qui produisent du beau, de l'émouvant. Pourtant, ces artistes restent confinés dans l'ombre pour cause de dictature, celle qui engendre l'ignoble terrorisme qu'exercent ces armées d'inesthètes décérébrées pour lesquelles « beaux arts » recouvre l'appellation d'un vague musicien allemand ou autrichien des années 40.

Vous êtes bêtes à pleurer, vulgaires à tuer. Vous êtes hautement méprisables et vous ne méritez même pas de finir compressées dans une tragédie routière, sous les roues d'un quarante tonnes de vin italien. Ce serait faire insulte à César.

— La salope est capricieuse. Elle porte en elle des capacités de persécution difficilement estimables tant elles sont vertigineuses. Elle exerce son infernal courroux avec une constance et un sadisme qui forcent l'admiration et les nerfs. Cette emmerdeuse exige des fraises quand c'est la saison des bananes et inversement. Alors, ne serait-ce que pour la faire taire et pouvoir dormir tranquillement, le persécuté se démène en pleine nuit pour dénicher une cagette de fraises qu'il payera une véritable fortune. Exténué et grelottant de froid, il essuie une nouvelle crise de nerfs parce qu'il a oublié de mettre les patins, la neige boueuse étant néfaste aux parquets cirés, et de toute façon, vu le temps que mit le malheureux pour trouver des fraises, « Ben, j'ai plus envie, voilà. Tes fraises, t'en fais ce que tu veux. Bonsoir ! (...) »

On se prend de compassion pour ceux qui seraient brusquement pris d'envies de meurtre, quand cette saine et humaine pulsion ne les relâche que parvenus devant la barre des assises, revolver encore fumant sur la table des pièces à conviction...

> « Biologiquement et par tempérament, les femmes étaient destinées à s'occuper d'abord et avant tout des enfants, de leur mari, et de la maison. »
>
> Dr Benjamin Spock (1979)

26
Quand la salope est de sexe masculin

« Peut-on être innocent lorsqu'on aime un coupable ? »

Cyrano de Bergerac

M. Jourdain qui était totalement abruti faisait de la prose sans le savoir, de la même façon que nous employons souvent malgré nous le terme salope de façon impropre puisque à l'égard d'individus de sexe masculin. C'est bien connu, les pires salopes qu'ait engendré l'humanité sont des hommes (bien que leur saloperie s'exerce souvent, comme nous l'avons à maintes reprises vu, grâce à la complicité de quelques expertes femelles).

Le propos est d'ailleurs plus blessant lorsqu'il est employé à leur encontre qu'adressé à une femme qui y est accoutumée dans la mesure où elle reçoit ce compliment à longueur de journée. Mais s'il faut appeler un chat un chat, reconnaissons que le terme salope véhicule davantage de violence, de perversion, de bêtise, de méchanceté, de vice, de laideur, de dégueulasserie que le même terme masculinisé. Parce que sans doute nous rencontrons plus de femmes s'y adonnant que d'hommes. Cependant, si toutes les femmes sont des salopes en puissance, tous les hommes ne sont pas des anges, les pires crapules appartenant au sexe fort. Comme l'adjudant Michegru du IIIe REP de Mourmelon-le-Grand, lequel serait, d'après ses propres hommes, « la pire des salopes ». Bien que ce nom d'oiselle relève de la grossièreté et de la diffamation, il n'en constitue pas moins l'exutoire de nos haines les plus vives quand il est jeté à bon escient, de préférence en public pour mieux offenser celui auquel il s'adresse.

Ne mésestimons point non plus l'importance du ton de l'insultant. Il doit se situer entre les intonations de Rambo pourchassant une armée de Viets simplement armé de ses cordes vocales et de ses sempiternels arcs, flèches, arbalètes, Kalachnikov bi-turbocompressées, poignards, coutelas, épées-baïonnettes, fleurets, hallebardes, piques, lances, dagues, fléaus d'armes, nunchakus, cimeterres, sabres, haches, massues, arquebuses, fusils, revolvers, pistolets automatiques, fusils-mitrailleurs, mortiers, canons de campagne et autres bazookas, et le cri aride, rempli de haine et de mépris, surgi du fond du cœur de Simone Veil après qu'un huissier belge se fut approché d'elle lors d'une pause des débats du Parlement européen pour lui déclarer sa flamme au moyen d'un poème de sa composition intitulé « Tu baises, une fois, salope ? » offrant à l'infortunée Simone le spectacle pathétique et misérable d'une poésie visuelle et tactile puisque le poète lisait son œuvre pantalon sur les mollets. Les murs du Parlement européen gardent la trace de cette tragédie presque exclusivement sonore.

Autrefois, et ainsi comprendrons-nous mieux l'exponentielle escalade inflationniste des termes insultants et blessants, traiter simplement son ennemi de « sot » ou de « canaille » revenait à le rouler dans la fange. Ce mot est aujourd'hui rigoureusement indigne de figurer dans le répertoire des insultes. Surenchère, quand tu nous tiens.

Si la femme est la tête de la saloperie, l'homme qui dispose de davantage de moyens pour la mettre en œuvre, en constitue les jambes. D'où les pires calamités que connaît l'humanité : matches de football, trafic de drogue, meurtres, racket, guerres, actes de terrorisme, pollution chimique, pollution acoustique, commandement de génocides et autres pogroms, magouilles politiques, violence gratuite, vols à main armée... Autant d'exactions plutôt masculines, même si le véritable bénéficiaire en est la femme.

Après tout, l'homme est capable de laideur, de folie. Il peut être gros ou mince, sanguinaire, ennuyeux, il peut mal se conduire, être égoïste, obsédé sexuel, pervers, orgueilleux, goinfre, envieux, bête, paresseux, avare, coléreux, bavard, inférieur, allumeur, brillant : cependant, face à un adversaire de votre rang, il n'a pourtant aucune chance au jeu du plus salaud. Dans ce domaine, il aurait enfin trouvé sa maîtresse.

Mettons un salaud type que nous appellerons Rambo face à une salope étalon (!) que nous appellerons Simone.

Rambo fait gonfler ses muscles, bande son arc, joue du poignard et du mortier dans le but d'intimider Simone. Laquelle saisit le moment où le regard de Rambo se porte vers le fût du canon de campagne dans lequel il enfonce un gros obus, bref, Simone profite de son inattention pour lui assener un magistral et violent coup de pied dans la partie la plus sensible de son être fait de roche et d'acier. Conséquence de cette violence : Dans un bruit sourd qui n'est pas sans rappeler le son du tonnerre, Rambo tombe à terre les bras en croix, jambes relevées, pieds tournés vers le ciel, en faisant trembler le sol quand l'impact de la lourde masse de son corps raidi lesté de moult revolvers, fusils, mitrailleuses, cartouchières, pistolets, canifs et poignards, rencontre le plancher des vaches. Simone a vaincu un Goliath maintenant secoué de convulsions bien compréhensibles et doté d'un mince filet de voix rappelant le timbre de Nana Mouskouri entonnant le troisième mouvement du Lac des Cygnes accompagnée du baryton Demis Roussos. Côté reproduction, tout est maintenant fini pour Rambo ; Nous n'aurons plus la joie de découvrir de petits Rambo II, III, IV, V et autres. Dans son infinie et résignée tristesse, Rambo est maintenant devenu l'esclave de Simone. En tant que tel, il répondra à ses moindres désirs sans discussion ni murmure : génocider quelques Viets par-ci, holocauster quelques nègres par-là, pour la plus grande joie de MM. Manufrance, Smith, Wesson et Kalachnikov. Et ce que nous voulions prouver est maintenant pleinement démontré : la salope est infiniment plus vicieuse et dangereuse que le plus méchant des hommes. Rideau !

27

Conclusion : la sainte est-elle le contraire de la salope ?

« Quand sera brisé l'infini servage de la femme, quand elle vivra pour elle et par elle… Elle sera poète, elle aussi ! »

Rimbaud (période Verlaine)

Cette problématique résume-t-elle le propos ? L'histoire de notre civilisation recense-t-elle des cas de salope devenues saintes et de saintes restées salopes ?

Essentiellement pure, souverainement parfaite, telle se définit la sainte créature. Or, si nul n'est parfait, nous pouvons déduire qu'à plus forte raison nulle ne l'est également. Cependant, nous pouvons reconnaître certaines brebis plus méritantes que d'autres des joies et honneurs canoniques. Le cas de Marie-Madeleine qui fut salope avant d'être canonisée, ce qui pour une femme de mauvaise vie est la moindre des choses, est suffisamment éloquent pour aller dans ce sens, celui de l'espoir.

En revanche, rien ne nous permet d'affirmer que Bernadette, bien que née sous Birou, ait pu appartenir à cette caste maudite de possédées.

Qu'est-ce qui différencie la sainte de la salope ?

L'ayatollah Khomeiny, un saint homme, recensait parmi les onze choses impures que Satan envoya en nos contrées pour détruire les hommes qui sont bons : « l'urine, l'excrément, le porc, la sueur du chameau mangeur d'excrément et la femme non musulmane. » Nous obtenons déjà une bribe de réponse. Sa définition de la sainte femme, par opposition à celle qui ne l'est pas, se précise en sa manichéenne et grandissime pensée : « Un mariage est annulé si l'homme apprend que sa femme est sujette à l'un des sept maux suivants : folie, lèpre, eczéma, cécité, paralysie avec séquelles, malformation des voies urinaires et génitales ou des voies génitales et du rectum qui se confondent, malformation vaginale qui empêche le coït. » Nous obtenons une seconde bribe de réponse en éliminant les femmes folles de la béatification. Il ne reste plus beaucoup de monde. Poursuivons notre séparation du bon grain de l'ivresse. « La mère, la sœur et la fille d'un homme qui a été sodomisé par un autre homme ne peuvent pas épouser ce dernier, même si les deux hommes étaient impubères ; mais si celui qui a subi l'acte ne peut pas le prouver, sa mère, sa sœur ou sa fille pourront épouser l'autre homme. » L'ayatollah pensait à tout : « La femme mariée n'est pas autorisée à sortir de la maison sans la permission de son mari ; elle doit être à sa disposition pour chacun de ses désirs et ne peut se refuser à lui sans une raison religieusement valable. » Et de préciser : « La femme qui se refuse à son mari est coupable, et ne peut exiger de lui ni nourriture, ni habillement, ni logement, ni rapport sexuel ultérieur. » Nues, affamées et en manque dans le désert, voilà le sort réservé aux salopes en ces contrées hautement avancées. « Il est défendu à la femme de regarder le corps d'un homme qui n'est pas son mari. » Les plages sont donc des repaires à salopes. « Si une femme est appelée à faire un lavement intestinal à une femme ou à un homme qui n'est pas son mari, ou à faire la toilette de son sexe, elle doit se couvrir la main pour ne pas être en contact direct avec les parties génitales ; si une femme se trouve forcée, pour donner des soins médicaux, de regarder les parties génitales de quelqu'un, elle doit le faire dans un miroir, sauf cas de force majeure. » Attention les Catherinettes : « Il est hautement recommandé de se hâter de marier sa fille pubère. Un des bonheurs de l'homme consiste à ce que sa fille n'ait pas ses premières règles dans la maison paternelle, mais dans celle de son mari. »

Conclusion provisoire : infirmières, doctoresses, filles de plus de treize ans vivant chez leurs parents ou célibataires, filles, sœurs ou mères d' (censuré), femmes qui se refusent à leur mari, femmes qui sortent sans la permission de leur mari, estivantes en bord de plage ou nageuses en piscine, folles et femmes non musulmanes : le saint homme est clair à votre propos : vous n'êtes qu'un ramassis de salopes. Les autres sont des saintes. Précisons le propos : la place de la femme est au terrier à assurer le repos et le repas du guerrier tout en reproduisant l'espèce en souhaitant que ce soit un garçon. Déroger à l'une des règles ci-devant évoquées revient à se placer du côté de Satan. Alors, toute béatification s'en trouve fortement compromise.

Qu'est-ce qu'une sainte ? Une femme qui ne fraye

point avec la démoniaque, celle qui accule au suicide, à la sodomie, à l'inceste, à la bestialité, au racisme violent, à la violence religieuse, au sadomasochisme et autres déviations sexuelles, à l'adultère, à la brutalité, au meurtre, à la violence morbide, à l'utilisation de drogues et d'alcool.

Trouve-t-on encore des saintes de nos jours ?

De moins en moins étant donné, par définition, qu'elles ne se reproduisent guère. Cependant, le chercheur persévérant peut encore en débusquer de très âgées vivant en des villages reculés et presque en ruines dans les hauts plateaux montagneux du Larzac, sans eau, sans électricité, se nourrissant de racines et s'évertuant à vous répondre en allemand quand vous leur adressez la parole. Qui aura en premier le cran d'annoncer à ces saintes femmes que la guerre est finie ?

Trouve-t-on des saintes qui vécurent comme des salopes ?

Tout permet de le penser car la salope est peu scrupuleuse et s'arrange pour faire disparaître les méchantes traces de son existence de pécheresse qui entacheraient le souvenir de son passage sur terre. Ainsi bon nombre de mégalomanes, prostituées, tenancières de claques, trafiquantes de drogues, ex-nymphomanes reconverties dans la profession de princesses d'opérette, guerrières assoiffées de sang, dictatrices ou simples chanteuses de variétés désireuses de laisser à la postérité un immaculé souvenir de leurs années terrestres s'arrangent-elles pour corrompre les sommités religieuses qui se chargeront de favoriser l'acceptation de leur dossier ; au besoin en organisant de longues soirées de prières s'achevant dans la débauche orgiaque pour monnayer les photos compromettantes contre une béatification en bonne et due forme.

Une salope peut-elle se racheter pour devenir sainte ?

Chassez le naturel, il revient invariablement au galop et la peau du serpent finit toujours par repousser. Il faut avoir la plus grande méfiance pour les loups qui deviennent agneaux ; c'est souvent pour mieux entrer dans la bergerie. Enfin, ne soyons pas gratuitement négatifs...

Notons que l'on assista à quelques intéressantes conversions de pécheresses polymorphes désireuses d'oublier une vie placée sous le signe de la bête, tentatives de rachat souvent difficilement supportables puisque généralement entamées quand vient le prêtre afin d'administrer les derniers sacrements. On mentionne également le cas exemplaire de cette ancienne comédienne qui se rendit célèbre en montrant ses fesses sur grand écran (ce qui n'a maintenant plus rien d'exceptionnel, mais à l'époque, il fallait oser) aujourd'hui reconvertie dans un juste combat pour la défense des animaux.

Quelle conclusion tirer de tout cela ?

L'absolue nécessité d'exterminer, de démolir toute forme de saloperie sur notre planète déjà suffisamment menacée comme ça. Effaçons la salope de nos esprits. Cessons de nous faire du mal, faisons plutôt le mâle. Abolissons cette démocratie pernicieuse et permissive, paradis du vice et de la dépravation. Halte à la démagogie ! La liberté des unes s'arrête où commence celle des autres. Rétablissons les vraies valeurs. Reconstruisons, avec un peu de bonne volonté, une société fondée sur le mérite, le travail et l'intelligence. Remettons chaque composante à sa juste place. Alors l'humanité se tournera vers une aube nouvelle, un monde plus juste renaîtra, oubliant les lourdeurs et les relents de pourriture du passé ; Eden de l'homme meilleur et universel...

Salopes go cuisines !

> « Cas où le mari peut tuer sa femme, selon la rigueur de la justice paternelle : 1°) adultère, 2°) impudicité, 3°) trahison, 4°) ivrognerie et débauche, 5°) dilapidation et vol, 6°) insoumission obstinée, impérieuse, méprisante. »
>
> Proudhon (un grand homme)

28

Test : quelle salope êtes-vous ?

> « Une olympiade femelle est impensable. Elle serait impraticable, inesthétique et incorrecte. »
>
> Pierre de Coubertin

1 — Votre publicité préférée :

a) Coup de Cœur : « Je lui ai tout piqué même son caleçon ! »

b) Ariel : « Une propreté comme celle d'Ariel, ça ne s'échange pas ! »

c) Kookaï : « En avant pour la chasse aux garçons ! »

2 — Votre film préféré :

a) « Une belle fille comme moi »

b) « Blanche-Neige et les 7 nains »

c) « Blanche-Fesse et les 7 mains »

3 — Vos lectures favorites :

a) « Gay-Pied » (pour les photos) et « Playgirl » (pour les mots croisés)

b) « Tricot magazine », « Clair-Foyer » et « la Vie du rail » (duraille ?)

c) « Détective », « France-Dimanche » et « Ici Paris »

4 — Vous vous promenez à la nuit tombante dans une ruelle sombre et étroite. C'est l'été, il fait encore une chaleur étouffante et vous ne portez qu'un débardeur largement échancré ne laissant rien deviner de vos formes appétissantes et votre minijupe ne dissimule pas vraiment grand-chose.

Votre sac à main tombe malencontreusement à terre. Vous vous baissez pour le ramasser et tout à coup, vous vous souvenez avoir oublié de mettre votre culotte. Le gros Demis s'en est également aperçu. Sale, barbu et poilu, énorme, la salopette maculée de taches d'huile et de goudron, il s'approche de vous pendant que vous tâtonnez des mains pour retrouver désespérément ce maudit sac, la pénombre et la myopie dont vous êtes atteinte n'arrangeant guère les choses. Gros Demis, la bave aux lèvres, les mains convulsées est à moins de vingt centimètres de vos appas, prêt à arracher ce qui vous reste de vêtements.

a) Vous lui dites : « où tu veux, c'est 200 balles, mon chou ! »

b) Vous lui demandez le chemin du couvent, lequel doit commencer à s'inquiéter de votre retard.

c) Vous le laissez ôter sa salopette et, nu comme un ver, vous lui assenez un coup de lacrymogène dont vous détenez toujours une bombe enfouie dans votre soutien-gorge. Vous en profitez pour lui raser la moustache au carré et pour tailler savamment ses cheveux de façon qu'une grande mèche lui retombe sur le front. Vous appelez ensuite la police pour porter plainte pour attentat à la pudeur (manifeste dans l'état dans lequel se trouve le gros Demis), crimes contre l'humanité et tentative de viol. Théoriquement, c'est perpet' pour le Gros Demis.

5 — Vous souhaitez à votre pire ennemi :

a) le pal (la nourriture pour chien ou l'instrument de torture, c'est pareil) !

b) qu'il découvre la sérénité de l'Eglise.

c) de tomber sur une femme comme vous !

6 — Vous partiriez sur une île déserte avec :

a) Stallone, Schwartzenegger, plus une malette bourrée d'accessoires en caoutchouc et de remontants.

b) la Bible.

c) une mitrailleuse lourde pour faire le ménage au cas où l'île ne serait pas réellement déserte et pour piller les biens des indigènes.

7 — Votre animal préféré :

a) La mante religieuse qui dévore ses amants après l'acte copulatoire.

b) La brebis égarée car nous appartenons au troupeau des créatures de Dieu.

c) La lapine

8 — Vous jouez tranquillement au bord de la rivière en compagnie de votre sale morveux de neveu que nous appellerons Flipper. Carlos, le garde-champêtre bronze sur l'autre rive.

a) Vous noyez Carlos et accusez Flipper d'avoir fait le coup. Juste pour le sport.

b) Vous noyez Flipper, faites la couverture des magazines en couleurs et fêtez le joyeux événement en compagnie d'un Carlos plus bête de sexe que jamais.

c) Vous priez pour le salut des âmes désormais bleutées de Flipper et de Carlos, l'un ayant voulu secourir l'autre qui avait glissé de la berge, oubliant dans son infinie bonté qu'il ne savait pas nager. Quant à vous, pas question de vous baigner sans maillot de bain. Avec un peu de chance, vous ferez la couverture du « Pèlerin Magazine »...

9 — Sortant de la poste, un vieillard vient de perdre son portefeuille contenant le montant mensuel de sa maigre retraite en billets de cent francs.

a) Vous ramassez la monnaie, la lui rendez, l'accompagnez jusqu'à chez lui et le violez, car vous résistez difficilement aux charmes de la maturité. Avec un peu de chance, pensez-vous, il devrait rapidement passer ad patres et à vous les billets !

b) Vous ramassez l'ensemble, gardez les billets et lui rendez son portefeuille, non sans avoir préalablement noté son adresse. Alors, vous guettez avidement qu'il meure de faim pour lui prendre tout ce qui lui reste. C'est généralement une question de jours.

c) Quelle question : vous lui rendez tout et courez brûler un cierge pour le repos des âmes perdues.

10 — Quel personnage historique auriez-vous souhaité être dans une vie antérieure ?

a) Bernadette Soubirou,

b) Elena Ceausescu,

c) Bernadette Sous Biroute.

11 — En votre compagnie, les hommes :

a) Prient.

b) Vous prient de bien vouloir les laisser récupérer.

c) Partent en courant tout en vous priant de ne point les suivre.

12 — Le lit :

a) est un lieu de repos.

b) est un lieu de plaisir.

c) est l'endroit le plus pratique pour attacher l'individu par les pieds et les mains avant de lui faire avouer l'endroit où se dissimule son coffre-fort, caresses du chalumeau sur la plante des pieds aidant.

13 — Votre plus grand plaisir :

a) partir en pèlerinage à Lourdes.

b) partir en pèlerinage dans un camp de nudistes section tagada tsoin-tsoin.

c) partir le visiter au parloir après avoir bêtement fait opposition à sa carte bleue, pour le plaisir de voir sa tête quand il fut ceinturé par quatre costauds, un canon de revolver dans la bouche, en ce grand restaurant auquel il avait convié son patron et ses trois principaux clients japonais, pendant que le maître d'hôtel exprimait sa très profonde désolation de ne pouvoir accepter une carte bleue volée.

14 — Vivre pour l'amour :

a) à condition de ne point s'attacher, de le ligoter et d'utiliser des préservatifs.

b) de son argent.

c) de Dieu.

15 — Votre tenue favorite :

a) robe de bure et sandalettes.

b) débardeur largement échancré ne laissant rien deviner de vos excroissances mammaires et minijupe permettant d'apprécier votre teinte naturelle de cheveux.

c) Tailleur strict pour ne pas attirer l'attention et quand il est à point, le même sans rien en dessous pour mieux le plumer, afin qu'il finisse par déambuler en tonneau.

16 — Votre livre préféré :

a) « La Chasse à l'homme »

b) « L'Evangile de saint Luc »

c) « Le Kamasutra » (sorte d'évangile de saint Cul)

17 — Votre repas idéal :

a) juste un peu de pain sec et d'eau croupie,

b) rognons blancs et banane flambée,

c) la nourriture n'est pas très importante, on peut très bien vivre d'amour, d'eau fraîche, de racines de ginseng, de cantharidine, de popers, de cornes de rhinocéros et de gingembre.

18 — L'homme :

a) est bon.

b) n'est bon qu'à être plumé et maltraité.

c) n'est bon qu'à reproduire l'espèce, c'est bon, rhâââ !!!

19 — Trouvez une suite à la fable du corbeau et du renard :

a) Le renard dévore le camembert tombé à terre et propose aimablement au corbeau de le partager. Le volatile à terre, le renard le dévore à son tour en remuant la queue.

b) idem qu'en a) sauf qu'avant de le dévorer, le renard lui fait subir les derniers outrages.

c) Cette histoire est absurde car les renards ne mangent pas de fromage. Prions pour leur salut.

20 — Votre jeu d'enfant préféré :

a) le charcutier,

b) le docteur,

c) la bonne sœur et le voleur (vous interprétiez le premier personnage).

21 — Vous voilà atteinte du doubida, cette redoutable et nouvelle maladie tropicale :

a) vous ne voyez vraiment pas comment vous l'avez attrapée... Se transmet-elle par les cierges ?

b) vous en profitez pour en faire profiter le maximum de gens possible. Comme c'est une maladie sexuellement transmissible, vous pourrez joindre l'utile à l'agréable.

c) vous n'avez en fait rien du tout, mais le simple fait de le signaler suffisait, comme vous le souhaitiez, à définitivement éloigner Victor, le facteur métis qui vous pourchassait de ses assiduités libidineuses. Le problème, c'est que Victor est maintenant méconnaissable enduit de goudron et de plumes...

22 — Qu'est-ce qui explique le mystérieux sourire de la Joconde ?

a) Elle vient de passer une nuit des plus agitées

avec le Maître, d'où son irrésistible expression : « se faire Maître ! » (Elle ne maîtrisait point totalement la langue).

b) Ses complices sont en train de mettre l'appartement de Léonard de Vinci totalement à sac pendant que le vieux lubrique astique ses pinceaux pour tirer le portrait de Mona Lisa alors qu'elle enlève sa tunique largement échancrée ne laissant rien deviner de ses formes appétissantes. Hélas, Léonard l'immortalisera habillée.

c) Elle vient de lire un passage des Saintes Ecritures et songe à rejoindre l'ordre des carmélites dès qu'elle aura fini d'écarter les jambes, fait d'autant plus lamentable que Léonard ne s'intéresse qu'à son buste.

TOTALISEZ VOS POINTS SALOPERIE SELON LE TABLEAU CI-DESSOUS ET FAITES-EN LA SOMME

	A	B	C
1	2	1	3
2	3	1	2
3	2	1	3
4	2	1	3
5	2	1	3
6	2	0	3
7	3	1	3
8	3	3	1
9	2	3	0
10	1	3	2
11	1	2	3
12	1	2	3

13	0	2	4
14	2	3	1
15	3	3	4
16	3	0	2
17	0	3	2
18	0	3	2
19	3	2	0
20	3	2	1
21	1	2	3
22	2	3	1

Moins de 22 points :

Vous êtes une menteuse ! Ou une sainte. Pour vous, la vie ne doit pas être facile tous les jours, au milieu de toutes ces délicieuses tentations que le démon plaça sur votre chemin de croix. Et l'on doit s'embêter ferme en votre méditatrice compagnie. Cependant, ne désespérez point, on assista à de tardives conversions de saintes pour la cause de leurs sœurs pécheresses. Toutes les femmes se ressemblent. Même si Dieu façonna l'homme à son image, n'oublions pas qu'il s'abstient, dans son infinie mansuétude, de modeler la femme de la même façon. D'ailleurs, ne prétend-on pas que s'il créa la femme le premier jour pour lui donner un mâle de lendemain, c'était bien parce que dans sa grande bonté et dans son permanent souci de perfection, Dieu fit le brouillon avant l'œuvre parfaite.

Hier encore, vous avez dit non au satyre du bois, pourtant désireux de faire le bien autour de lui (« Ben quoi, y'a pas de mal à se faire du bien, poulette, Niark, hiark... », vous disait-il en ouvrant son grand imperméable, avant d'être blessé dans son amour sale). Sachez cependant que pour les hommes, et ce depuis l'aube de l'humanité, non n'est pas synonyme de refus, mais signifie « peut-être », « peut-être » veut dire « oui » et « oui » fait franchement mauvais genre ou péripatéticienne.

Sachez encore, comme vous l'aurait appris le satyre du bois s'il ne s'était malencontreusement pris les pieds dans la doublure de son imperméable trop long, qu'il n'y a point de forteresses imprenables, juste des attaques mal menées, de la même façon qu'il n'y a pas de mauvaises occasions mais des occasions ratées et qu'il vaut mieux une petite courageuse qu'une... Mais nous nous égarons.

Alors cessez de vous plaindre et de vous autoflageller. Observez vos semblables, faites un petit pas en leur direction, mais ne sombrez pas dans le gouffre dans lequel elles voudront vous attirer. Evitez comme trop de jeunes filles qui sortent de pensionnats religieux de sombrer dans les excès inverses de ceux auxquels elles étaient astreintes : vice, dépravation, et méchanceté, pour en citer les principaux. Ce n'est pas parce qu'on a été privé de nourriture pendant vingt ans qu'il faut sombrer dans la goinfrerie en sortant de prison. Essayez de cumuler vos immenses qualités humaines avec le réchauffement de vos sens. Le reste en découlera inévitablement. Ça fera 800 francs pour la consultation. En liquide SVP !

De 22 points à 45 points :

Vous êtes une belle salope portée vers la nymphomanie.

Vous devez ressentir le soir venu quelques douleurs aux oreilles, dues au bourdonnement continu des réflexions que votre passage suscite si généreusement. Rassurez-vous, pour faire bonne mesure, vos bourreaux en sont quittes pour de puissants torticolis. Peut-être devriez-vous investir en un cabinet de kinésithérapie. Le charcutier vous traite de boudin ou de grande saucisse (cette andouille), le garagiste admire votre châssis et vos pare-chocs des plus rebondis tandis que l'artificier, fin connaisseur, admirera votre pétard pour vous trouver carrément canon ! Les pauvres... S'ils savaient entre quelles tentacules ils vont se trouver en tombant sous vos doigts experts. D'ailleurs, ce n'est point sans raison que les rares survivants vous nomment « Tente à cul ».

Jamais rassasiée, chaque homme qui passe à proximité est une proie potentielle pour vos appétits toujours plus vifs. Vous êtes bête comme vos pieds et prenez au pied de la lettre le célèbre cri de révolte du professeur Choron, lequel, constatant que les plus instruites des femmes américaines avaient une fâcheuse tendance à occuper de façon croissante des emplois jusqu'alors plutôt réservés aux hommes, faisant augmenter les chiffres du chômage des cadres, lequel professeur donc, eut ce cri du cœur : « Faut pas éduquer les femmes, il faut les baiser, ces salopes, c'est tout ! »

Souvent allumeuse, sans le savoir, vous vous faites disciple d'André Breton, lequel grand homme disait : « Le plaisir est dans l'attente », sentence que vous avez immédiatement interprétée par : « le plaisir est dans la tente ». Avant de vous mettre au camping.

Cependant, vous n'êtes pas la pire des salopes, bien

que très honorablement placée dans le palmafesse, puisque vous sautez (!) le pas aussi souvent que votre santé et votre contenance le permettent, procurant du même fait un certain plaisir à ceux qui bénéficient de vos faveurs. C'est quand tout s'arrête que les choses se corsent, comme on dit à Ajaccio.

Vous ne comptez plus le nombre de vos victimes qui vous disaient, dans des états quasi épileptiques, les yeux exsangues et injectés d'un sang opaque, le visage empreint d'une inhabituelle et mortelle pâleur, sous l'emprise d'une tétanisation généralisée du métabolisme total, sous des cris rauques (fig 1) : « Tire-toi, chienne lubrique ! » quand vous leur demandiez de vous prêter quelque argent pour soigner votre grand-mère malade, pourtant manifestement en meilleure santé que les susnommés (!). Et qu'ils ne leur prennent pas la fantaisie de lever la main sur une faible femme comme vous. Les prisons sont pleines de vos ex qui purgent de lourdes peines pour coups, blessures et trafic de stupéfiants (avant de partir au commissariat le plus proche, une femme intègre telle que vous l'êtes ne peut se retenir de garnir les poches des vestes qui se trouveraient sur son passage)

Mais, souvent, c'est la salope pro-nimpho qui part la première, laissant ses victimes dans des états quasi apoplectiques (cf fig 1).

Dans un cas comme dans l'autre, le résultat reste identique : cette créature est dangereuse, car elle ne vit que pour et par elle, quel qu'en soit le prix pour l'autre. Avec cette réincarnation de Vampirella, une seule maxime s'impose : jouir et partir.

Les congrégations de moines trappistes recensent

bon nombre d'ex-victimes de ces démones parmi leurs pensionnaires. En ces temps de crise de la foi, où il est de plus en plus difficile de recruter des serviteurs de la divinité au bénéfice de professions profanes comme chanteur de variétés ou éditeurs de livres scélérats et pornographiques, en ces temps où les vocations spirituelles se tarissent comme Viets chez Rambo, c'est à se demander si ces insatiables sergents recruteurs nues sous leur treillis largement échancré ne laissant rien deviner de leur pétard ne seraient point directement commandités et guidés par les autorités monastiques. Alors, ces salopes seraient des saintes. Mais cette dernière supposition est certainement totalement idiote.

Plus de 46 points :

Vous êtes une salope froide et vicieuse de la pire des espèces. L'horreur intégrale. Comparée à vous, Elena Ceausescu passerait pour la réincarnation de Bernadette Ceaubiru, la célèbre sainte roumaine.

Sadique jusqu'au bout des ongles, le spectacle de la souffrance que vous infligez vous mène au bord de l'extase. Compliquées, vous échafaudez de sophistiqués plans dont l'issue reste toujours d'avilir davantage les hommes qui en sont les cobayes et victimes.

Le pire est que vous maniez à merveille la dialectique de l'arroseuse-arrosée. Derrière l'ennemi apparent, la petite salope sans envergure ou la salope de type nymphomaniaque, c'est vous que l'on trouve tapie. Nous connaissons tous le plan de génocide que vous avez ourdi contre la gent masculine, soucieuse exclusivement d'intérêts autres que ceux des hommes, puisque vous demeurez maladivement égoïste. Vous vous êtes mise à l'abri de toute critique et de toute réaction populaire en imposant au parlement le vote de la loi Roudy qui condamne toute discrimination fondée sur le sexe, et qui a créé en France une catégorie de résidents privilégiés. Doux euphémisme. Et puis enfin, pour mieux conditionner encore nos concitoyens, il y avait tous ces tabous de soumission hérités de l'âge des cavernes.

Puisse cette patiente étude amener à remettre en question ces « mensonges nourriciers » grâce auxquels l'ennemi, vous mesdames, a réussi depuis plus de trente ans, à imposer son exécrable domination.

Maintenant que vous pouvez agir impunément, il serait temps pour nous de penser à contre-attaquer votre illégitime pouvoir dictatorial.

Vos sympathisantes se recrutent parmi les fidèles de Dallas. JR, l'ignoble salaud qui en est le héros et que nous aimons haïr, réalise comme par hasard ses meilleurs scores auprès du public que vous constituez. Voyez-vous dans les basses œuvres du richissime, puissant et par là-même séduisant JR quelques judicieux conseils à expérimenter dans notre vie quotidienne ? D'après la nette recrudescence de vols, viols, chantages, insultes, violences verbales et sexuelles, corruptions, incitations à l'alcoolisme ou au suicide, violences physiques, mensonges, diffamations et autres soudoiements, la réponse ne fait plus, hélas, l'ombre d'un doute. Vous puisez dans ce maudit feuilleton matière à identification. Mais, rétorqueront les plus vicieuses, JR est un homme !

Voilà qui est finement observé. Deux réponses s'imposent : 1) JR n'est-il pas légèrement manipulé par cette pochetronne de Sue-Elenn ?

2) Scientifiquement, l'homme est fait de chair et de sang, le tout préprogrammé par ces cellules que l'on appelle chromosomes, lesquels véhiculent les gènes des parents, donc ceux de la mère. Au cas où la saloperie viendrait des gènes paternels, il suffirait de remonter d'un cran. On finit toujours, grâce à cette méthode empirique, par trouver une grand-mère ou une arrière-grand-mère coupable de saloperie. L'héritage est parfois lourd à porter...

Vous formez un amalgame marqué en premier lieu par votre instinct parasitaire qui vous oppose à tous les autres peuples, c'est-à-dire les hommes. Vous êtes là pour nous presser comme des citrons, avec l'intention de nous détruire quand nous ne contiendrons plus de jus. Image hardie mais néanmoins pleine de bon sens.

Le combat est sans issue. Il n'y a plus d'espoir. Le mal est trop enfoncé dans nos corps, trop douloureux, trop lourd à porter. C'est vous ou c'est nous. Vous êtes trop lâches, trop sournoises pour que toute amorce de dialogue, de négociation puisse s'engager avec vous. La seule solution consisterait comme autrefois à vous exiler dans de lointains couvents, ou, ce qui revient au même, à vous exterminer. Il en va de notre survie.

Vous êtes totalement infréquentables parce qu'associables. Mâles, mes frères vous qui êtes tombés entre les griffes d'une si infâme araignée, fuyez pendant qu'il en est encore temps !

« N'engage surtout pas de combat dont la solution ne dépende pas entièrement de toi. »

Epictète

« En amour, la plus grande victoire, c'est la fuite. »

Napoléon

Portraits de groupes avec D(r)AMES

29
La vieille salope

Euphrasime Michegru habite un charmant petit village armoricain. Charmant et calme ? Pas vraiment. Car Euphrasime, de sa mère, hérita de la grande maison qu'elle occupe, ainsi que de cette étrange passion pour la tannerie. Et les habitants du village de se demander, en se bouchant l'orifice nasal, pourquoi cette vieille et apparemment respectable grand-mère ne s'est pas plutôt mise au tricot ?

Il faut voir Euphrasime, le soir venu, déambuler dans les petites ruelles du bourg, une longue casserole rouillée fermement tenue entre ses mains caleuses, dans l'espoir de débusquer ici un chat, là un chien qui ferait l'affaire de sa tannerie. Malheureusement, les sombres et secs bruits métalliques qu'émet la casserole en retombant sur la tête d'un quelconque quadrupède à poils se raréfiant du fait de la pénurie de matière première, au grand dam des propriétaires de ce qui fut leur toutou ou matou, Euphrasime en est réduite à désormais s'approvisionner dans les villages alentours. On redoute le jour où elle croisera le gros Demis, plus barbu et poilu que jamais sortant ivre, donc à quatre pattes, de l'estaminet du père Pendiculère...

En attendant, Euphrasime se souvient, entre deux coups de casserole, de Gunther, son amant qu'elle appelait le roi de la poêle à frire. Le vacarme dont il se rendait responsable empêchait les bigotes d'entendre les cloches de l'église sonner. Avec Gunther, c'était l'Angélus à toutes heures ! A cette époque, Euphrasime écrivait beaucoup, à s'en donner des ampoules aux articulations. Mais le plaisir de voir ses efforts récompensés quand ces hommes impeccablement habillés venaient embarquer d'entières familles pour des vacances forcées vers les rivages de la Vistule, bref le plaisir d'être enfin débarrassée de ces métèques qui ne lui disaient point bonjour et faisaient du bruit, l'empêchant de jouir du doux son des animaux que sa mère dépeçait dans la pièce voisine, cette immense joie primait sur ses derniers scrupules.

Pour l'heure, Euphrasime, pour ne pas perdre la main, se décide à rédiger la 748e missive anonyme à destination d'une famille de simples d'esprit qu'elle repéra lors de ses virées nocturnes. Son acharnement envers ces pauvres gens du village voisin force l'admiration. Hier elle alarmait le chef de famille sur les coupables agissements de son épouse, laquelle, par ses déviances répétées pendant qu'elle était censée visiter sa vieille mère malade, manquait fondamentalement au pacte sacré du mariage. Et la lettre d'expliquer dans les moindres détails, que la pauvresse s'intéresserait moins à l'équipe de football locale pour l'attrait du ballon rond sur la verte pelouse que pour ceux des onze joueurs, des trois remplaçants et de l'arbitre dans les vestiaires. Avant de signer, comme chacun de ses courriers « un ami qui vous veut du bien ». Résultat : une équipe de football, trois remplaçants et un arbitre froidement décimés à la carabine. « Pour une fois qu'ils touchent une balle... », dira perfidement leur entraîneur avant d'en prendre également une dans le buffet. Poursuivant son infâme manège, à l'occasion du courrier suivant qu'elle adressera à l'épouse quelque peu perturbée par l'incarcération de son époux pour génocide sportif, Euphrasime informera la pauvresse des agissements peu scrupuleux de son petit dernier. Lequel, très porté sur les champs grégoriens, passait le plus clair de son temps à écouter de telles inepties qui, selon les termes de la lettre, débouchaient inévitablement sur la consommation de drogues, le trafic des mêmes substances prohibées, le racket, la prostitution, la corruption de fonctionnaires, les délits d'initiés et autres œuvres démoniaques. Une seule solution, selon la lettre, s'imposait pour sauver l'âme du garçonnet : lui lier solidement les pieds et les poings pour le plonger, tel Jean-Baptiste, tête en avant, dans la froide rivière purificatrice qui coulait à proximité. Sitôt dit, sitôt ficelé et noyé. Bel exorcisme !

Ce qu'Euphrasime n'avait point prévu, c'est la façon dont les magazines en couleurs allaient s'emparer de l'accident, pour porter la pauvre femme au pinacle de la gloire et de la célébrité.

Qu'importe, Euphrasime s'acharnera sur ses crétins de neveux, si désireux de toucher son héritage qu'ils mettent les exactions d'Euphrasime sur le dos d'un touchant gâtisme, et encaissent sans broncher chaque coup reçu. Et ce manège dure depuis des années. Euphrasime tape sur la tête du plus petit à coup de lourd Bottin ? Les parents corrigeront le simulateur, puisque nous savons tous, comme notre héroïne, que les coups de Bottin ne laissent point de trace. Euphrasime se sent alors fatiguée : elle se fait servir au lit. La famille s'organise alors pour faire les courses (et en même temps pour les payer, c'est curieusement et systématiquement quand elle se sent patraque et mal dans son assiette qu'Euphrasime manifeste quelques médicinales envies de caviar, saumon rose, champagne, foie gras... et autres douceurs dans la sienne), la cuisine, le ménage et la toilette de la vieille salope. Les enfants jouent trop bruyamment, empêchant leur grande tante d'écouter le libidineux Lucien — à deux mains, si vous le voulez bien ! — Jeunesse au poste, Euphrasime les fera enfermer. Les enfants crient trop fort quand leurs parents les corrigent, Euphrasime inventera d'autres supplices plus silencieux tels que la baignoire dans le nauséabond et globuleux tonneau à tannin, en souvenir de son cher Gunther. Concernant le pharaonique jeu qu'anime le désormais mal nommé Lucien — ⋆⋆ ## !!! @@ !! onanisme — Jeunesse, Euphrasime n'est jamais de meilleure humeur que les jours où les candidats perdent. L'inverse raffermit son caractère naturellement acariâtre. Elle rêve du jour où un candidat malchanceux sortira une arme de sa poche pour en finir avec ce monde cruel.

Aigrie, bête et méchante, Euphrasime avoue détester les gens, les hommes en particulier, pour ce qu'ils sont. Elle appelle cela faire preuve de lucidité. N'a-t-elle point donné ici une définition de la salope ? Trêve de philosophie : des faits.

Se réjouissant du malheur des uns et du désespoir teinté de peur des autres, Euphrasime aime ôter les échelles d'en dessous les échafaudages quand arrive la tempête. Perverse, elle colore le sirop des enfants avec du bleu de méthylène et se réjouit du spectacle qu'offrent leurs têtes affolées quand ils s'avisent de se laver les dents ou de se rendre aux toilettes.

Plus Euphrasime déclinait dans les méandres de la vieillesse, plus son caractère gagnait en virulence.

Pourtant, elle aurait pu compter sur sa famille directe pour l'épauler au crépuscule de ses jours. Hélas, Gunther avait sauté sur une des mines qu'il avait posées au fond du jardin pour anéantir les taupes, lesquelles n'obtenaient point son agrément par rapport aux critères de beauté qu'il énonçait : blond, yeux bleus, la tête haute, pour en citer les principaux. Avec ses doigts crochus, son nez recourbé et allongé, ses yeux inexistants et son teint plutôt sombre, la taupe ne correspondait pas au critère d'admissibilité dans le monde meilleur que Gunther se proposait de construire. Mal lui en prit ! Achtung Minen !! Cependant, avant de sauter sur une mine, Gunther avait eu le temps de sauter sur Euphrasime, laquelle accoucha d'un magnifique petit cul-de-jatte nain, laid et méchant qui ressemblait totalement à son papa. Il fut baptisé Louis-Ferdinand et après avoir échappé de justesse, grâce à la bienveillance du curé, à une tentative de noyade par sa mère dans le bénitier, il prit, pardonnez l'expression, ses jambes à son cou, pour se réfugier chez le cordonnier, lequel par un curieux hasard, se prénommait également Louis-Ferdinand.

Les bonnes âmes du bourg furent émues par la bonté du bon cordonnier Louis-Ferdinand et entreprirent de le récompenser de sa générosité en le faisant toujours travailler davantage. La notoriété du cordonnier dépassa les frontières du bourg et la contagion s'étendit au canton, puis au département. Le président du conseil régional, qui se prénommait aussi Louis-Ferdinand tint des propos des plus élogieux à l'endroit du cordonnier. Bref, Louis-Ferdinand était devenu riche. C'était sans compter sur la jalousie d'Euphrasime qui voulut récupérer Louis-Ferdinand, afin d'ouvrir une tannerie à son enseigne, laquelle, selon ses calculs, aurait dû connaître le même succès que la cordonnerie de Louis-Ferdinand.

Mais Louis-Ferdinand refusait de laisser partir Louis-Ferdinand, lequel ne souhaitait non plus quitter Louis-Ferdinand. Surtout maintenant qu'il avait quarante-quatre ans.

Alors Euphrasime entreprit de se venger : « Puisque je n'aurais pas Louis-Ferdinand, Louis-Ferdinand ne l'aura pas non plus », dit-elle à Louis-Ferdinand, chauffeur-routier. Le résultat se fit peu attendre : alors que Louis-Ferdinand déambulait à la seule force de ses fers à repasser dans sa petite voiture aux pneus impeccablement rechappés par Louis-Ferdinand le cordonnier qui s'y connaissait également dans l'art du pneumatique, alors que Louis-Ferdinand gambadait joyeusement dans la nature au bord de la route nationale donc, le quarante tonnes de vin italien piloté par un Louis-Ferdinand plus ivre que jamais passa si près du cul-de-jatte que ce dernier se retrouva immédiatement, du fait de l'appel d'air ainsi créé, propulsé sur la plus haute cime d'un platane alentour. Voiturette retournée, remuant désespérément des fers à repasser, telle la brebis déséquilibrée remuant des membres pour revenir dans le bon sens sur le plancher des légionnaires, Louis-Ferdinand était dans une sale posture, pendant que Louis-Ferdinand encaissait les billets que lui avait promis Euphrasime pour accomplir son forfait.

Le plan démoniaque ne s'arrêtait pas là, la diabolique prit ensuite sa plus belle plume pour envoyer une lettre anonyme à Louis-Ferdinand, le président du conseil régional, afin d'attirer son attention sur les mauvais traitements infligés par le richissime cordonnier Louis-Ferdinand à son nain et cul-de-jatte d'enfant adoptif, lequel lui servirait de cible vivante pour ses dominicales séances de ball-trap. Sitôt la missive reçue, Louis-Ferdinand convoqua le commissaire de police Louis-Ferdinand, lequel s'entoura de ses meilleurs éléments : le brigadier Louis-Ferdinand, l'adjudant Louis-Ferdinand, l'inspecteur Louis-Ferdinand, les hommes de troupe Louis-Ferdinand, Louis-Ferdinand, Louis-Ferdinand, Louis-Ferdinand, Louis-Ferdinand, Louis-Ferdinand, Louis-Ferdinand, Louis-Ferdinand, Louis-Ferdinand, Louis-Ferdinand, Louis-Ferdinand, Louis-Ferdinand, Louis-Ferdinand et l'auxiliaire féminine Louise-Ferdinande. Toute cette équipe ceintura Louis-Ferdinand, lequel manqua furieusement d'arguments pour expliquer ce que faisait Louis-Ferdinand sur les plus hautes cimes de ce platane jouxtant le terrain de ball-trap, et les apparences se tournant contre Louis-Ferdinand, Louis-Ferdinand ne pouvant l'innocenter par son témoignage car ne parlant qu'allemand et mort d'inanition, c'est en prison que Louis-Ferdinand finit ses jours. Triste histoire. Remarquons qu'Euphrasime fêta la double bonne nouvelle en s'enivrant jusqu'à l'aube, engloutissant force magnums de champagne commandés (et facturés) au nom de ses idiots et lâches neveux.

Hélas, la petite bourgade de Salopville n'en était pas pour autant retombée dans le calme car voilà qu'un nouvel élément vint remonter le moral d'Euphrasime qui n'en avait pourtant résolument plus besoin : on annonçait pour la semaine suivante la tenue du banquet annuel du club du troisième âge local. Parmi ses membres, Euphrasime reconnaissait l'équipe des joyeux coiffeurs qui, voici quelques années, sabotèrent sa coupe de cheveux. Mue par son inextinguible désir de vengeance, Euphrasime se rendit à la ville pour acquérir quelques tonnes de chaux vive qu'elle se fit livrer quelques jours plus tard. Alors, patiemment, avec l'aide de Louis-Ferdinand, son exécutant des basses œuvres, Euphrasime résolut de fixer les sacs de chaux vive au plafond de la salle des fêtes dans laquelle devait se tenir le banquet, lesquels sacs tenaient par un savant système de poulies actionnées depuis la coulisse au moyen d'un simple levier. Celui-ci placé en position basse devait dégager les sacs pour qu'ils s'écrasent trois mètres plus bas.

Le moment tant attendu par tous arriva et la salle des fêtes se remplit à la même vitesse qu'une cabine téléphonique écossaise pour peu qu'un shilling n'y ait été jeté à l'intérieur. Les convives s'attablèrent autour de cette grande table en forme de fer à cheval, devisant joyeusement, boisson aidant, du bon vieux temps. Euphrasime, cachée derrière le grand rideau rouge ruminait son heure de gloire qui n'allait plus tarder à venir. Le banquet se déroulait fort agréablement, le fruit de la vigne et du travail des Arabes coulant à flots (un Sidi-Brahim de devant les fagots), les mets servis tous plus succulents les uns que les autres : tripes, choucroute, boudin, fromage de tête pour ne citer que les amuse-gueules. Après deux bonnes heures d'agapes, Euphrasime jugea que le moment d'en finir était arrivé, et baissa en un rire gras la fameuse manette. Aussitôt, un bruit sourd fit résonner les sonotones, comme le son du tonnerre. La salle trembla avec une intensité à renvoyer les parkinsoniens au rang de laborantins en manipulation atomique. A moitié sonnés par les solides et liquides engloutis, les joyeux convives n'eurent que peu de temps avant de réaliser que le ciel leur tombait sur la tête. Et la centaine de banqueteurs de se retrouver instantanément recouverts de sacs de chaux vive. Lesquels se déchirèrent sous l'impact du choc pour propager sur les têtes la poudre blanche qui commençait à faire son œuvre en attaquant les chairs en un bouillonnement acide des plus puissant. Les corps se décomposaient, les tissus fondaient à vue d'œil. Profitant des quelques instants qui restaient à ces pauvres gens avant que la chaux n'atteigne leurs systèmes respiratoires, bref, avant qu'ils ne poussent leurs derniers soupirs, Euphrasime monta sur la scène pour y prononcer un discours, dont les trois quarts des termes seront dissimulés par les « Pschhhiiittt » émis par la chaux vive brûlant les chairs. Voici la teneur de son original discours :

« Mes chers amis, vous le savez, la vengeance est un plat qui se déguste froid, même si la chaux qui vous ronge à petit feu doit se contenter de matière encore chaude. Cependant, mes chers amis, ou du moins ce qu'il en reste, je tiens à vous rassurer : dans quelques petites secondes, vous serez aussi refroidis que la carcasse du mammouth exposé au musée du jardin des Plantes. Le plus triste pour moi sera la frustration que je n'eus point à vous tanner la couenne. Vous avez voulu vous attaquer à Euphrasime, vous avez cru avoir affaire à une faible femme. Voici sa réponse. Pour que vous finissiez dans le déshonneur, je tiens à préciser que je me fais fort de tanner vos enfants et petits enfants jusqu'à la huitième génération. Vous êtes maudits ! »

Et l'assemblée de répondre laconiquement par un « Pschiiiitttt » des plus résignés... La scène était insoutenable et trois minutes plus tard, après que la fumée verte se fut dissipée par les fenêtres ouvertes, la salle des fêtes de Salopville offrait le spectacle surréaliste d'une assemblée de squelettes attablée, fourchettes, couteaux et verres encore coincés entre des petits os qui quelques instants plus tôt étaient encore des mains. Une nature morte d'un effet saisissant.

Euphrasime était fière d'elle. Son honneur perdu était enfin retrouvé.

Mais le crime ne paye pas plus que la saloperie polymorphe ainsi exprimée, et Euphrasime croupit désormais au fond d'un cachot froid et humide qui réactive ses rhumatismes. En effet, trop sûre d'elle, elle n'avait prévu la présence de l'adjudant de gendarmerie Louis-Ferdinand pour assurer la sécurité des anciens de Salopville et alors qu'il commençait à trouver le temps long en compagnie de ses hommes de troupe Louis-Ferdinand et Louis-Ferdinand, quelle ne fut point sa stupeur, de découvrir l'affligeant spectacle d'Euphrasime trinquant en compagnie du repris de justice Louis-Ferdinand dans les crânes scalpés appartenant à deux de leurs victimes choisies au hasard, selon la tradition vicking, en entonnant : « Il est des nôtres, il est décomposé comme les au-autres ! »

Comble du malheur : avant d'être incarcérée, la salope Euphrasime dut, pour des raisons d'hygiène, passer entre les mains expertes du coiffeur de la centrale. La vie est un éternel recommencement...

30
La jeune salope

Bête à mourir, bête à plaisir…

Il était une fois une jeune princesse. Non, reprenons… Stéphanie, puisque tel est le prénom de notre héroïne devant incarner la jeune salope-étalon (mais elle aurait pu s'appeler Caroline, Isabelle, Marie-Agnès ou Jennifer) bref, Stéphanie est une jeune femme moderne de 24 printemps dont l'activité favorite consiste à se rassurer sur ses capacités de séduction. Reconnaissons que celles-ci sont, hélas, importantes. Malheureusement, si côté cul tout va bien, force est de constater l'inexistence d'une quelconque corrélation côté QI, celui-ci ayant une place inversement proportionnelle à celle du postérieur. Quelle importance, rétorqueront les plus pragmatiques ? Certes, aucune.

Analysons une journée type de Stéphanie. Comme tous les jours, Stéphanie qui est paresseuse se lève vers midi pour une journée de labeur. Officiellement étudiante en langues, notre héroïne passe en fait son temps dans des cafés mal famés. Heureusement qu'elle est entretenue, hier par ses parents, aujourd'hui par quelques michetons dont la générosité est régulièrement récompensée par quelque gâteries buccales. Jean-Yves, le dernier en date, rencontra Stéphanie dans une boîte de nuit de la région. Dans son minishort fluo surmonté d'un blanc débardeur largement échancré ne laissant rien deviner de ses formes appétissantes qui sautaient au rythme endiablé de la musique, Stéphanie avait une certaine allure. L'allumeuse cherchait précisément à allumer sa cigarette, et comme dans les contes de fée, une main généreuse, tenant entre ses doigts un briquet d'où jaillit la flamme salvatrice apparut dans le champ de vision d'icelle. Stéphanie tira une bouffée, Jean-Yves tira Stéphanie dans sa voiture : le coup de foudre fut immédiat. Puis le prince charmant emmena sa princesse contempler romantiquement le coucher du soleil sur le lac. Là, Stéphanie lui demanda de bien vouloir lui prêter tout l'argent qu'il avait sur lui en coupures usagées dont les numéros ne se suivaient point, pour soigner sa vieille mère malade qui faisait le trottoir, son père alcoolique couché sur le même trottoir et ses innombrables frères et sœurs qui évoluaient dans la rue, vivant de menus larcins pour se nourrir et abreuver leur pauvre père. Emu par toute cette misère, Jean-Yves remonta son pantalon, glissa sa main droite dans la poche gauche (au contraire de Stéphanie qui en avait encore sous les narines, Jean-Yves n'avait pas inventé la poudre) d'où il en a extrait une liasse qu'il glissa romantiquement dans le soutien-gorge de sa bien-aimée. Puis le prince charmant, fermant les yeux, approcha sa bouche en cul-de-poule des lèvres de Stéphanie, dans l'espoir d'être récompensé de sa générosité d'un baiser fougueux et passionné. Hélas, Stéphanie n'avait que la permission de minuit et à cette heure précise, elle résolut de s'enfuir en courant entre les arbres tout en hurlant à l'intention d'un Jean-Yves resté pantalon de nouveau baissé, du fait de l'émotion : « On se rappelle, atchao ! », avant de disparaître dans les ténèbres. Promesse de gasconne : Jean-Yves n'avait pas le numéro de son amante dont il ignorait, mis à part son teint naturel de cheveux, à peu près tout le reste, jusqu'à son identité. Cependant, dans sa précipitation, Stéphanie perdit une basket fluo jaune et verte, pointure 45 que Jean-Yves s'empressa de recueillir (il était fétichiste) avant de la donner, le matin venu, à renifler à son chien afin qu'il trouve sa légitime propriétaire. C'était hélas pour l'infortuné Jean-Yves la saison des chasses et Goumy (tel était le nom du canidé) ne débusquait rien d'autre que des chiennes en chaleur qu'il s'empressait de refroidir, faisant perdre à Jean-Yves un temps précieux. Ne se dégonflant point, sans mauvais jeu de mots, l'amoureux en rupture d'amante résolut d'employer les grands moyens : il irait faire essayer la jaune et verte basket fluo à toutes les jeunes filles du district. Ainsi verrait-il la jeune fille à laquelle cette chaussure siéra parfaitement, et de la sorte sera-t-il certain d'avoir retrouvé Stéphanie. Les esprits critiques rétorqueront que Jean-Yves pourrait aussi bien se promener dans les rues du coin et devrait vraisemblablement, puisque non atteint de cécité précoce, reconnaître visuellement sa tendre Stéphanie. Certes. Mais Jean-Yves est idiot. D'autant que plusieurs jeunes filles du district chaussent du 45. Et une basket se déforme facilement. Mais ne décourageons pas la vocation de notre ami qui, par un heureux prodige, est parvenu à rassembler les 487 jeunes filles du coin dans la salle des fêtes locales sous le fallacieux prétexte d'organiser le casting du prochain film de Christophe Lambert.

Et Jean-Yves de prendre le pied de la première candidate, pour le lui relâcher après qu'il se fut aperçu que, si la basket jaune et verte fluo rentrait parfaitement, la pauvresse nageait littéralement dans une si grande chaussure. Suivante : idem. Suivante : idem. Suivante : idem. Suivante : trop petite. Suivante : idem. Suivante : idem. Suivante : idem. Suivante : idem. Suivante : encore idem. L'atmosphère commençait à se charger d'une désagréable odeur de transpirations plantaires. Suivante : idem. Suivante : trop grande. Suivante : trop petite. Suivante : trop grande. Suivante : trop petite. Suivante : trop grande. Suivante : trop petite, etc. Tout à coup, le miracle se produit à la 69e concurrente : la chaussure lui sied parfaitement. « Ma mie, tu seras mienne, viens que je t'emmène dans mon carrosse, résonnez trompettes, vibrez tocsins... » Et Jean-Yves de repartir au bras d'une jeune fille chaussant certes du 45, mais borgne, bossue, le visage rempli de boutons, ne mesurant guère plus d'un mètre 45 et bête de surcroît.

Pendant ce temps, Stéphanie qui se trouvait placée à la 97e position repartait chez elle, peinée de ne point avoir été retenue, ni même auditionnée, pour ce rôle avec l'entité crétinoïdale ci-devant évoquée. En réalité, peu lui importait Jean-Yves qu'elle aperçut de loin dans son rôle de casting director. Elle aurait pu le rappeler, celui-ci ayant eu la prévoyance de placarder dans toute la région de grandes affiches sous forme d'avis de recherche, comportant ses exactes coordonnées. Avec un peu de chance, il aurait pu la pistonner, bien que cela fût déjà fait. Non, Jean-Yves est oublié depuis bien des lunes, et le spectacle de son avilissement était, pour cette petite salope de Stéphanie, des plus réjouissants. Car égoïste, narcissique et un brin exhibitionniste (Stéphanie était prête à se déshabiller devant les caméras pour y interpréter une scène torride empreinte de zoophilie puisque ayant l'homme singe pour partenaire de jeu) sont les principales composantes du caractère de truie qu'affiche notre triste héroïne. « Quand on est con, on est con », chantait Brassens qui ne l'était pas. Paraphrasons le visionnaire : « Quand on naît salope, on est salope. » Une perruche au cerveau gros comme un pois chiche a été, est et restera idiote à tous les âges de sa misérable vie. A plus forte raison quand cette bêtise s'accompagne des qualités salopoïdales dont Stéphanie fait preuve avec un brio qui force l'admiration. Cette petite peste chichiteuse et imbuvable qui affecte de tout savoir, d'être revenue de tout, qui ne se passionne que pour l'achat de nouvelles fringues et la sortie en boîte du samedi soir est un prototype hélas fort répandu. Même le grand Gabriel Matzneff avoue ne pas en vouloir. C'est dire son aspect rébarbatif et certainement des plus vomitoires car, constate le penseur : « avec d'aussi vides créatures, il n'y a pas une minute à perdre, car elles sont ennuyeuses en tout, partout, et en particulier au lit ». Ça c'est envoyé, plutôt renvoyé ! Les minettes au ruisseau. Jean-Yves devait se contenter de bien peu...

Cela posé, ne généralisons point hâtivement le cas désespéré et désespérant de Stéphanie à l'ensemble des jeunes filles, car en ce qui concerne les jeunes salopes, il n'y a que des cas d'espèce. Ecoutons parler

Stéphanie, notre cas raté du jour : « Mes trucs pour attiser le feu ? Un geste suffit parfois. Poser ma main, par exemple sur celle de l'homme qui me tend son briquet (en plus elle fume, elle n'a pas que le feu où nous pensons). Rire en montrant mes dents, puis appuyer la tête une seconde, sur l'épaule de mon interlocuteur, comme si la poussée du rire m'entraînait.

Un contact corporel fait toujours son petit effet, même s'il est imperceptible : palper mon collier glissé entre mes seins, caresser furtivement ma poitrine dans l'échancrure d'un chemisier, m'humecter les lèvres avec la langue, croiser mes jambes bien haut lorsque je suis assise et caresser mes cuisses l'une contre l'autre dans un crissement de soie... Pas mal, non ? Les mots aussi peuvent servir de détonateur : « Notre complicité est si évidente... C'est fou, je pensais exactement la même chose... Vous comprenez si bien les femmes... Vos yeux sont-ils bleus, verts ou rouges, enlevez donc vos lunettes... Vous habitez chez vos parents ? »

Ne négligeons pas l'habillement, bien sûr. J'aime montrer mes jambes sous les minijupes, la naissance de mes seins sous les décolletés profonds... » De ces confessions empreintes de la pire des saloperies, Stéphanie est fière, suffisamment pour les confier à un magazine en couleurs...

Dans ces tristes conditions, vivent les parents incestueux, les professeurs qui tentent de coucher avec leurs élèves, les curés tripoteurs, les patrons qui pratiquent le droit de cuissage (sur les 36 % des femmes ayant subi des avances au bureau, 32 % avouent y avoir cédé, alors avec un si faible taux d'échec, 4 % seulement, il serait bête de s'en priver, c'est statistique !), le satyre qui déserte le bois pour faire la sortie des écoles de jeunes filles, etc. Vive les pleurnicheuses qui, de ce fait, deviennent plus humaines. A force de semer le vent, il est normal de récolter la zigounette à Dudule. Et qu'on ne vienne pas rétorquer que ce serait faire usage de son autorité et de son pouvoir pour mettre dans son lit une jeune salope de plus de 18 ans (en dessous c'est interdit par la loi) qui n'a pas envie d'y venir. « Un enfant » diront les plus démagogues et moralisateurs avant de s'enfermer avec leur nièce de 14 ans. D'ailleurs la chanson du siècle qu'interprète d'une façon si émouvante Yves Duteil est particulièrement éloquente : « Prendre un enfant par… »

Allons, elles adorent ça, ces vicieuses. Les don Juans savent bien qu'insister est la clé du succès. « Elles se refusent pour la forme, mais quand c'est au fond, il faut les voir en redemander », confirme le satyre du bois qui était revenu par la fenêtre.

Pour l'heure, notre Lolita en goguette, femme objet, fausse vamp et véritable perverse est en train de siroter un banana split, suçotant avidement la paille, à la terrasse d'un café situé sur une artère passante. Le soleil donne. Donc Stéphanie s'est munie de lunettes de soleil dont les verres en forme de cœurs ne la font pas passer inaperçue. Mais attention : Stéphanie provoquera une véritable émeute quand elle s'avisera de retourner sa paire de lunettes, transformant les cœurs en c… le résultat est à la hauteur de ses espérances : Piétons le nez écrasé contre les réverbères alentours et voitures en accordéon à la suite de multiples carambolages ; c'est l'apocalypse. Stéphanie sourit : enfin il se passe quelque chose. Et la voilà hurlant au satyre dès qu'un quidam s'approche d'elle pour lui demander l'heure. « Quelle belle après-midi », se dit-elle en replongeant dans ses romans-photos...

Finalement Stéphanie est la parfaite représentante de la jeune salope persuadée d'être ce qu'elle n'est pas. « Elle pense avoir obtenu ce qui n'était, pour elle, que légitime : être l'égale de l'homme, y compris au lit. Résultat : toutes les frustrations qui brimaient les femmes dans les années soixante se trouvent à présent dans le camp opposé. Leur exigence de plaisir paralyse les hommes. S'ils prenaient de nouveau l'habitude de se faire confiance, ils sauveraient leurs vies et seraient de meilleurs coups », selon Frédéric Beigbeder et Ariel Wizman, philosophes de la seconde moitié du XXe siècle.

En fait, Stéphanie aime dominer les hommes parce qu'elle les méprise, répondant à l'antique complexe d'infériorité mal surmonté qui affuble nos amies les femmes. Nous allons bientôt découvrir de quelles horribles et contre-nature manières Stéphanie se passe desdits hommes tout en sautant, si l'on peut se permettre l'expression, du coq à l'âne. Pour l'heure, ses exactions ne s'arrêtent pas là : des grottes de Lascaux à la littérature classique, en passant par le cinéma, le théâtre et tous les autres moyens d'expression ; les exploits de la jeune salope sont universellement reconnus.

Par rébellion contre la société, par simulacre d'une pseudo-affirmation de sa personnalité qui de toute façon ne la sera jamais, Stéphanie s'est juré d'agir désormais à contre-courant de toutes les valeurs de bon goût et de bon sens qu'impose la vie en société. Ainsi s'affiche-t-elle avec ce que le district compte de plus pathétiques épaves, petites frappes éponges à bière (dans tous les sens du terme puisque suite à une série de cirrhoses, nombre d'entre eux finirent effectivement en bières, les autres drogués ayant préféré être incinérés pour pouvoir fumer une dernière fois). Voyous mal habillés de surcroît et malfrats aux cheveux gras, à la plus grande tristesse de ses pauvres parents qui s'étaient saignés aux quatre veines pour que leur fille réussisse autrement dans la vie qu'en se piquant aux quatre veines.

Vocabulaire exclusivement composé de mots grossiers résolument impubliables dans un ouvrage de la teneur de celui que vous avez entre les mains, comportement fait d'abjection et de gestes déplacés à l'égard d'autrui, Stéphanie n'a de cesse d'humilier et d'envoyer plus bas que terre, plus bas qu'elle-même, si faire se peut, tous ceux qui s'approcheraient trop près d'elle, ainsi se donne-t-elle de l'importance, ainsi trouve-t-elle un sens à sa vie de parasite.

Toute la région se souvient avec émotion et trémolos de ce pauvre apiculteur qui tomba amoureux de Stéphanie le jour où il la vit déambuler seins nus sur la plage au soleil couchant, alors qu'il allait nourrir ses abeilles. Les ruches étaient en effet à courte distance de cette plage où Stéphanie avait l'habitude de s'adonner au naturisme nautique à la vue de tous. Chaque soir, l'apiculteur venait regarder Stéphanie qui s'était également aperçue de ce curieux manège. Alors, au bout de quelques jours, la donzelle résolut d'aller plus loin et, après moult clins d'œil en direction de l'homme en armure anti-piqûres d'insectes, enleva lascivement le bas en un long mouvement ondulatoire fessier. Aussitôt, l'apiculteur, n'en pouvant plus et sentant une invite, ôta également ses habits blindés. Seulement, dans son aveuglement libidineux, il avait oublié sa fâcheuse proximité avec des milliers de dards vénéneux. C'est quand il fut nu comme un ver qu'il s'en souvint au moment où les premiers essaims s'abattirent sur lui. Alors que l'apiculteur se tordait de douleur quelques mètres en contre-haut, Stéphanie se tordait de rire quelques mètres en contrebas, prenant ses cliques et ses claques pour quitter cette plage avant de se faire piquer... pour attentat à la pudeur ! Aujourd'hui, l'infortuné amoureux transi a quitté la profession d'apiculteur pour se produire dans un cirque itinérant dans la peau boursouflée et vérolée d'Elephant Man. Depuis ce jour, il ne consomme plus de miel, au contraire de Stéphanie qui a pris pour amusante habitude d'amener ses amants non loin de cet endroit pour les enduire amoureusement de confiture ou de miel, en attendant de contempler le résultat.

Maintenant Stéphanie, plus droguée que jamais pour embêter ses parents et crier sa haine de la société, d'où son surnom de Blanche-Neige, pianote sur son minitel pour rencontrer « des petits amis ». Son souhait fut exaucé au-delà de toutes espérances puisque nous la retrouvons dans une communauté semi-hippie entourée de sept petits vieux sales, gras et vicieux. Les pauvres : ils croyaient avoir enfin trouvé la nymphomane prête à assouvir leurs plus brûlants fantasmes en même temps que la vaisselle, l'entretien du logis et la préparation de la nourriture des sept âmes susnommées. Si, sur le premier point, toute satisfaction leur fut accordée, force est de constater que sur le second, la situation semble s'être rapidement retournée en la faveur de Stéphanie qui se fait servir comme une princesse, abusant de la générosité de ses petits hôtes. Et gare à celui qui n'assouvirait pas le moindre des désirs de la garce : brûlures, mise au pilori, sévices physiques — avec ce type de salope, le sévice est toujours compris —, noyades inexpliquées dans les rivières des environs (notons sur ce point que Stéphanie se débrouilla au moyen de lettres anonymes, pour faire porter l'odieux chapeau de ces actes barbares à une pauvre paysanne des environs qui, depuis ce jour, se retrouva propulsée au firmament des stars, au plus grand dam de Stéphanie qui échappa une fois de plus à la gloire et à la fortune).

Alors le Chat botté arriva dans toute sa majesté, et sur son fier destrier pour extirper Stéphanie des mains libidineuses de ces monstres pervers. Hélas, le jeune animal vivait avec une semi-clocharde répondant au doux sobriquet de Peau d'âne. Un simple coup de fil au boucher chevalin du coin arrivé avec l'équarrisseur, après que Stéphanie eut injecté quelques gouttes de somnifère dans l'avoine matinale de Peau d'âne, sut avoir raison (dans le cas précis sut avoir la peau) de cette traînée qui s'élevait contre son bonheur avec le Chat botté. C'est au moment où le chat proposa la botte à Stéphanie, qui n'en était pas moins devenue zoophile entre-temps, que le drame éclata dans toute sa cruauté : la police des mœurs accompagnée d'un blindé de la fourrière s'empressa d'embarquer l'animal la queue encore frétillante pour lui faire connaître les délices du Ziklon B. Exit le

Chat botté. Stéphanie n'avait plus qu'à se rhabiller pour aller semer le trouble et la discorde un peu plus loin.

Aujourd'hui vêtue de rouge, notre jeune héroïne s'en allait à travers les bois et les champs apporter quelques litres d'arsenic à sa vieille grand-mère à héritage. Quelle ne fut point sa stupeur de constater qu'un mammifère carnivore de l'ordre des canidés, poilu comme Demis Roussos et de sexe masculin de surcroît, se trouvait en lieu et place de sa délicate grand-mère. Stéphanie est con mais pas aveugle, bien que zoophile depuis peu. C'est pourquoi nous passerons sous un silence gêné et puritain la scène suivante qui pourtant était suffisamment bruyante pour être entendue à quarante lieux à la ronde. Rendons-nous directement à l'épilogue pour retrouver Stéphanie hilare, attablée devant ce qui fut un squelette de loup dont ne subsistait plus que la cage thoracique, fêtant l'héritage qui n'allait pas manquer de lui tomber sur la tête en l'affranchissant d'être, de surcroît, la criminelle qu'elle s'apprêtait à devenir. Le crime parfait. Cette histoire est totalement débile et je pense qu'il serait temps de l'arrêter ici, avant que n'interviennent Peter Pan, le capitaine Crochet (avec lui, gare aux attouchements digitaux et autres caresses), la Belle, la Bête, le Clochard, Moogli, Balloo, les méchantes sorcières, les 101 dalmatiens (ce qui nous aurait donné une scène d'érotisme bestial multipliant par cent un toutes les horreurs jusqu'alors connues en littérature ou présentées dans le présent ouvrage), Merlin l'enc..., Mickey la souris, Donald le canard, Riri, Fifi, Loulou, les neveux d'icelui, Roger Rabbit et autres créatures que Stéphanie n'aurait point manqué d'avilir, comme sa seconde nature la pousse inexorablement à le faire.

Finissons cette triste parabole, achevons cette féerie dégoûtante par les paroles d'usage : Stéphanie rencontra enfin son prince charmant, ils vécurent malheureux pendant relativement peu de temps (les ravages de la drogue et de l'alcool ne pardonnent pas, et le prince charmant finit lamentablement ses jours noyé dans les fossés du château après s'être défenestré par une meurtrière pour échapper à cette vie devenue trop difficile) et eurent entre-temps quelques enfants anormaux…

La salope est comme le crime : elle ne paye pas !

31
La salope des champs

Rendons-nous chez les arriérés. Rajeunissons de plusieurs siècles car, avec Paulette, la saloperie remonte le temps.

Nettement plus rustique que sa consœur des villes, Paulette Pignard évolue en effet entre le monumental tas de fumier placé devant sa ferme dans le but d'indiquer au passant semi-asphyxié que là commence son domaine, et sa cuisine. Certains êtres délicats nantis d'un odorat plus affûté prétendent que l'excroissance fécaloïdale ci-devant définie, telle la poupe d'un chalutier à la cargaison douteuse, ne doit sa raison d'être que dans le bas dessein d'affirmer au voisinage, dans un esprit de compétition, la prospérité de l'exploitation se dissimulant derrière ledit monticule (Les honneurs revenant à celui affichant le plus gros tas. Le citadin corollaire de ce principe consistant à s'afficher dans une plus grosse voiture que celle de son voisin.) fleurant meilleur que les effluves provenant de la cuisine ci-devant définie. Et le jardin de Paulette est plus grand que le chapeau de mon oncle hydrocéphale. Et mieux vaut une petite courageuse qu'une grosse paresseuse. Mais nous nous éloignons de la pathétique Paulette Pignard. Bien que...

Vêtue été comme hiver d'une approximative et sale tunique empruntée à la garde-robe de Demis Roussos (les deux accusant les mêmes mensurations pouvant les placer dans le peloton de tête pour l'élection de Miss Olida), à moins qu'elle ne fût dérobée au négociant en pommes de terre dont l'un des sacs avait mystérieusement disparu voici quelque temps...

Comme nous commençons à le comprendre : Paulette se plaît à nuire à la communauté en chargeant toujours davantage ledit tas de fumier. On l'aurait même surprise, une pelle et un seau à la main, attaquant les tas du voisinage pour augmenter le volume du sien.

Principe de vases (!) communicant(e)s que Paulette met quotidiennement en application dans la conduite de sa vie qu'elle mène aussi légèrement que son tracteur. Ainsi le calvaire qu'endure depuis un quart de siècle son infortuné époux Mathurin, une loque alcoolique au dixième degré (11°5 le matin, autant le midi, idem le soir) risquant à tout moment d'exploser quand lui vient l'envie de s'en griller une, généralement en pleine et délicate saison des foins. Puisque nous évoluons dans un monde dans lequel tout s'évalue en fonction de critères quantitatifs, sachez que nos deux tourtereaux pèsent environ deux cents kilos à eux deux, hélas mal répartis puisque Paulette pourrait aisément jouer de la balançoire à bascule en compagnie de la Noireaude, son impressionnante vache laitière d'origine hollandaise laquelle pour l'occasion fêterait son baptême de l'air ; au grand dam de la SPA locale. Paulette et Mathurin Pignard forment décidément un beau couple. La ferme familiale se situe dans un village comptant environ 200 âmes, communauté rurale dans laquelle chaque personnage a un rôle social prédominant (voir Astérix), et dans laquelle chaque événement prend des dimensions de catastrophe nationale (voir Clochemerle).

Le statut social de Paulette : terreur locale — en raison de son imposant gabarit, il devient superflu de préciser le sens de cette qualité — et dangereuse commère impérativement à craindre, en application du berbère proverbe recommandant chaudement de baiser la main qu'on ne pourrait mordre. (Notons pour la bonne bouche, et dans un but géographico-éducatif, cet amusant adage provenant de l'anthropophage tribu des Kounias : « Mords celle que tu ne peux baiser. Et mâche-la bien. »)

Ça, le pauvre Mathurin, on peut dire qu'il en a soupé avant d'être la loque qu'il est aujourd'hui, allant jusqu'à partager la soupe du cochon ; ce dernier étant considéré avec davantage d'égards que son homogue bipède au corporel appendice terminal non tire-bouchonné. Sans doute la reconnaissance du ventre puisque Paulette s'attache tellement aux gorets qui hantent ses porcheries qu'elle ne consent à les dévorer que par petits morceaux, pour ne point avoir à les liquider d'un seul égorgement. Ainsi voit-on déambuler moult porcs équipés de jambes de bois et autres prothèses... Pendant que Paulette se bourre de charcuterie, Mathurin l'est déjà grâce à la boisson allant jusqu'à la danser en une chorégraphie que n'aurait point renié le grand saint Guy. Résultat : qu'il pleuve, qu'il neige ou qu'il vente, le menu de Mathurin comporte chaque soir sa ration de soupe à la grimace, suivie de violents et répétés coups de massue, celle qui s'abat sur les porcins quand sonne l'heure de la phase finale d'exploitation. « Maintenant que t'as bouffé, tu vas au lit, ouste ! D'ailleurs t'es complètement sonné. Paf » (bruit sourd de massue s'écrasant sur une matière solide).

« Pourquoi tant de haine ? », se demandent ces distingués psycho-anthropologues spécialement détachés de la préfecture pour étudier les mœurs de nos campagnes quand ils feraient mieux d'étudier ceux de nos compagnes. Isolement, coutumes ancestrales nous renvoyant à l'aube de l'humanité, quand l'homme marchait encore à quatre pattes, tel Mathurin après 17 heures ? Nourriture malsaine et trop riche en graisses, faisant fondre les cellules cérébrales ? Que nenni. Que nenni ! Que nenni...

Avant d'être ogresse, Paulette est femme : de là vient son comportement antisocial. Et tout le village de se souvenir avec émotion de Bertrand Sendan, ce jeune stagiaire descendu de la ville apprendre les rudiments de l'agriculture, envoyé d'office par la coopérative locale au sein de l'exploitation Pignard, celle qui dépare. Pas un cadeau. Paulette s'était juré de le faire repartir en moins de 48 heures chrono. Ainsi le jeunôt dut-il, conformément aux chaudes recommandations qui lui furent faites avant son départ : « Attention, tu débarqueras dans un univers fruste et néanmoins chaleureux. Il sera important de s'adapter aux coutumes de ces gens pour se faire accepter par eux. Le moindre faux pas pourrait les vexer, ce qui serait fatal à la suite de ton séjour en ces terres semi-sauvages... Blablabla... », sous peine de contrarier ses hôtes, ingurgiter un demi-litre de gnôle dès son arrivée par le train de 6 h 47, accompagné de quelques kilos de charcuterie (pâtés de tête, rillettes, saucissons divers et variés, rognons marinés, etc.) en guise d'apéritif. « Alors le gringalet, y mange rien ? C'est pas avec une gueule comme celle-là qu' ça marchera avec les filles ! » le harcelait Paulette.

Deux heures plus tard, pour le déjeuner, la hyène nauséeuse lui fit avaler quelques remontants de sa composition, arrosés de plusieurs hectolitres de gros rouge qui tache en bouteille plastique : « Météor, le vin qui rend fort ! », comme le chantonnait approximativement mais puissamment, d'une voix avinée plus proche de celle de la crécelle que du filet de voix de Francis Lalanne, l'ami Mathurin, pratiquement disparu sous la table ; de la présence duquel ne subsistait plus que cette parkinsonienne main tenant fermement un verre dans un équilibre précaire puisque au-dessus d'une flaque picratoïdale. Le blanc-bec était au bord de l'effondrement physique, olfactif et nerveux. Paulette voyait bien qu'elle n'avait plus qu'à porter le coup d'estocade, ce qui fut fait manu militari dès 15 h 45, heure du goûter. En titubant, pris de nausées, ivre de vin et de fatigue entre deux nettoyages de porcherie précédés de l'évacuation à dos de stagiaire de leurs légitimes locataires, bref, à bout, Bertrand Sendan s'installa devant la grande table de ferme dressée, en raison du beau temps, dans la cour, soit à quelques mètres du tas ci-devant reniflé, table garnie, tel l'étal de la charcuterie locale, de morceaux de porcs entiers, lard, jambon, gras-double, côtes sanguinolentes, épaules non découennées, ventre, poitrine, jambonneaux, pieds... « Pour moé, c'est un coq-au-vin sans coq » surenchérit sourdement de dessous la table l'imbibé Mathurin, déjà à son cinquième litre de la journée. C'est quand Paulette acheva les présentations que tout bascula, pour Bertrand, dans l'horreur. Haussant ostensiblement la voix pour adopter l'intonation du présentateur de cirque annonçant un délicat numéro, Paulette envoya : « Et maintenant, laissez-moi vous présenter Anatole, votre idole ! » en soulevant un couvercle en forme de cloche posé à même la nappe, pour dévoiler une splendide tête de porcin encore fumante, langue tirée et yeux manifestement révulsés indiquant un mécontentement certain, crâne qui devait, voici encore quelques instants être posé sur de solides épaules (celles qui précisément l'attendaient à quelques encablures de là). La tête tenait à peu près droite empalée sur un gros clou rouillé planté par-dessous la table. Cette mise en scène, bien que macabre aurait été parfaite si elle n'avait négligé la hauteur totale de la boîte crânienne de l'animal qui était plus courte que le clou, lequel en ressortant avait fracassé le dessus de la tête, faisant ressortir le sang agrémenté de moult matières poisseuses qui devaient, voici encore quelques instants, incarner un cerveau en état de fonctionnement. Fière de sa surprise, l'infâme Paulette résolut de partir dans un puissant rire hystérique, dégageant une dentition que n'aurait point reniée le grand Mozart : deux noires pour une blanche (pour celles qui restaient). C'en était trop pour le jeune et fragile Bertrand qui s'évanouit quelques mètres plus loin, en dégorgeant, sans doute pour ne rien devoir à ses hôtes, tout ce qu'il avait bu et englouti avant ce triste événement et ce, dans un endroit que la décence de cet ouvrage nous interdit de préciser davantage (se référer au tout début de ce chapitre). Paulette n'allait plus tarder à être débarrassée de celui qu'elle jugea être une andouille, un parasite et un bon à rien, après qu'il eut pris ses cliques et des claques (dans un but réanimatoire car étant déjà dans les selles, rien ne servait à lui faire inhaler des sels). Bertrand partit sur une civière, Paulette ne devait plus jamais entendre parler de lui, ni du placement d'autres stagiaires sur ses terres. Elle pourrait désormais continuer de passer ses nerfs sur Mathurin (en plein coma éthylique)...

Flash-back bucolique : avant d'être la mégère que nous connaissons, Paulette fut un joli brin de femelle qui aimait les amours champêtres, dans les prés et dans les champs. Malheureusement, tous se souviennent de cette furieuse manie qu'elle avait de garnir sa gourde revigorante de moult substances laxatives, qu'elle offrait à ses fiancés assoiffés après quelques exercices sudorifiques. En souvenir de cette époque bénie, l'un de ses anciens soupirants en fit une balade qui connut un certain succès en son temps : « Coliques dans les prés... »

Bête, sale et méchante, voici résumée la personnalité de Paulette. Pourquoi, dans ces conditions connues de tous, Mathurin entreprit-il d'épouser pareille balayette de vécés ? Tout commença dans la fièvre intense du traditionnel bal du samedi soir. L'accordéon endiablé du grand orchestre de Marcel Kébir entamait les accords de ce rock sophistiqué — qui étonnait / même les anglais. / Mais peut-être / un beau jour voudras-tu / découvrir avec moi / les paradis perdus ? / Pardon, je m'écarte — donnant un air de fête aux gesticulations désordonnées bien qu'hebdomadaires, alcoolisées et sudorifiques de cette assemblée de culs-terreux ensabotés, insensibles à la richesse des rimes servies :

« On est là pour boire un coup — hou
Pour labourer un bon coup — hou
Allez, viens poulette — haiteu
Pour qu' tu voies ma Blanchè — héteu...
On the chemin communal again, rock steady bite ! »

(Avec force moulinets du chanteur qui manqua d'en lâcher son accordéon, lequel en retombant dans sa position écartée, soufflet non protégé, aurait pu le priver de descendance pour le restant de ses jours, ceci expliquant le faible taux de natalité recensé chez les couples d'accordéonistes.)

L'ambiance atteignait son paroxysme quand Mathurin pénétra dans la salle de bal. Tout le monde, à l'instar de Marcel Kébir était plus ou moins en train de se rouler à terre, dans une boue constituée de bière renversée mélangée à la terre du sol. Mathurin portait beau : vareuse impeccablement raccommodée bien que passablement maculée de taches diverses, chapeau de feutre mou, mine rougeaude de rigueur et croquenots d'un autre âge constituaient la panoplie de l'individu alors play-boy local. Paulette qui s'y connaît en cochons s'intéressa tout naturellement à celui qui n'avait point encore connu les jours de l'amour champêtre avec icelle. De son côté, occupée à garder le sac de sa copine Louisette affairée à se rouler par terre avec le Mathieu, Paulette était certes pulpeuse, mais nettement plus consommable qu'elle l'est aujourd'hui. Tout le monde savait que Mathurin venait d'hériter de la ferme de sa grand-tante, dont les terres étaient réputées pour la qualité de leur irrigation puisque nanties de plusieurs sources privatives, rare privilège dans cette région fort dépendante des périodes de sécheresse. Dès qu'elle le sut, encouragée par sa salope de tante surnommée la Pépette, Paulette résolut de mettre le grappin sur Mathurin pour pouvoir ensuite bénéficier de son exceptionnelle exploitation. Le mariage fut une simple formalité à accomplir, et après un inoubliable voyage de noces en moissonneuse-batteuse, le couple s'installa sur ses terres. Immédiatement, la vraie nature de Paulette fit surface et son physique changea assez rapidement, pour la faire ressembler assez rapidement à une grosse guenon, d'où le sobriquet dont l'affublèrent les villageois : Guenon des Sources. Mortifié de honte à la vue et à l'odeur de ce qui fut sa sensuelle épouse, Mathurin résolut de se réfugier dans l'alcool. Fort de son pécule, il commandait le vin par citernes entières dont il remplissait les impressionnantes cuves qu'il avait installées derrière sa ferme, lesquelles reliées par un sophistiqué système de pipelines déservaient, telle la bière pression dans un bar, la cuisine ou la chambre du couple, via un savant jeu de robinets, de joints et de dérivations qui devaient davantage à la plomberie qu'à l'œnologie.

Conseillée par la Pépette, Paulette vidangea les cuves pour en remplacer le contenu par de l'eau de pluie. Immédiatement, Mathurin s'aperçut que quelque chose clochait dans la mesure où son robinet à jaja crachait désormais une matière impropre à sa consommation. Il sortit derrière la ferme, prit une échelle pour aller vérifier l'intérieur de ses cuves. En titubant (il était 17 heures passées et une miraculeuse caisse contenant douze bouteilles de « Nicolo, le vin qui rend dingo » était restée à proximité) il monta les neuf mètres qui séparaient le sol du sommet des cuves, souleva le couvercle de la première, se pencha quelque peu, trop sans doute puisque Paulette entendit le son caractéristique de la plongée brutale d'un corps dans un liquide, selon une violente poussée de haut en bas. Même si ce bruit était plutôt familier à ces fiers paysans des environs de la Vologne (dont certaines paysannes étaient devenues à la seule force de leurs poignets, et bien avant que ce n'en soit la mode du fait des exploits de quelques abrutis grands azurés, ces bien connues stars du nautisme en entraînant leurs jeunes enfants à battre le record du monde de plongée en apnée — juvénile —), Mathurin qui ne savait point nager ne ressentit pas cette légendaire poussée de bas en haut qui atteint théoriquement tout corps un tant soit peu mouillé, selon le principe d'Archipède. Paulette pouvait laisser Mathurin se noyer dans sa cuve, mais le geste manquait de cette grandiloquence qui fait les plus belles saloperies, et elle entreprit de sortir son Diogène (là où y'a Diogène, y'a pas de plaisir !) de là au moyen d'une canne à pêche. Quand l'hameçon fut planté dans le pied de Mathurin, elle n'eut aucune difficulté en moulinant comme Cloclo, pour le remonter à la surface, la tête en bas, crachant de l'eau comme un lama. Plus tard après avoir récupéré, Mathurin qui débloquait, sans doute du fait de son état de manque, résolut de creuser un puits à vin au milieu de la cour de la ferme. Il prit une pioche, un bâton de dynamite et quelques mines oubliées là par quelque soldat allemand parti précipitamment. Avaient-ils subi le même sort que Bertrand ? En tout cas Mathurin s'en moquait comme de son premier caleçon propre et, après avoir flairé, à quatre pattes tel le cochon cherchant sa truffe, et ce durant une bonne heure, il s'arrêta en un point précis, saisit sa pioche et commença à creuser un trou. « On a dérivé mon vin, mais j'ai retrouvé la source » ! s'écria-t-il. Pour ajouter en s'agenouillant : « Merci mon Dieu », louange s'adressant davantage à Bacchus qu'à Jupiter. Alors, Mathurin plaça la dynamite et les mines allemandes au fond du trou, s'écarta de quelques mètres, alluma la mèche qui se consumait rapidement. Tout à coup, le sol trembla pendant qu'une violente et sonore déflagration envahit la région. Sans plus attendre, alors que la fumée empêchait toute visibilité, Mathurin s'approcha du trou, duquel il croyait déceler le bouillonnement du vin sous pression. Malheureusement, un violent choc derrière la nuque l'envoya au pays des songes. Avait-il reçu une pierre propulsée en l'air par la violence de l'explosion ? Alors, pensa-t-il, ses jours seraient fichus. Sa femme l'avait peut-être légalement assassiné en l'incitant à commettre cette folie.

Plus tard, pour échapper à toutes tentatives d'enquêtes approfondies, Paulette-Guenon des Sources engagerait un expert révisionniste qui mentionnerait sur son rapport que les cuves de Mathurin n'avaient jamais existé. Et le pauvre de finir oublié par tous, sous cette pierre qui l'avait tué. Oh, continuait de penser Mathurin, les pieuvres vertes aux pieds plats pouvaient toujours s'envoler dans le tracteur tiré par ces tentacules de bœufs-pondeurs démesurément longues et poisseuses. Lui, Mathurin n'en avait que faire. Il s'arrangerait directement avec les extrafermiers qui, de leurs moissonneuses-batteuses interplanétaires reviendraient réinstaurer la paix sur ce monde. Alors ils dévoreraient Paulette en terrine tout en remuant leurs antennes fluorescentes... C'est quand il ressentit un second choc aussi violent que le premier que Mathurin ouvrit les yeux pour apercevoir Paulette, munie de sa massue à gorets, qui venait une fois de plus de le réveiller avec sa douceur coutumière, le sortant de sa torpeur alcoolisée. « Crévindieux, l' Mathurin, voyons point qu'étions déjà l' midi et qu'avions encore les cochons à promener, éviterions de s'approcher trop près des pauvres bêtes que point reniflions vapeurs de vinasse que répandions, avions ensuite champs à labourer, puis vaches, poules, lapins et chèvres à nourrir, et magnons parce qu'avions point que ça à faire que d' surveiller l' Mathurin, voulions point rater toutes ces belles émissions à la télé cet après-midi, avec paillettes, accordéons et Pascal Sevrons. Grouickkk ! »

Aux dernières nouvelles, Mathurin aurait trouvé son bonheur en allant vivre avec les cochons, faisant de fait porcherie à part avec son épouse. Il se sentirait posséder un impressionnant lot de points communs avec ces splendides et fiers animaux « Qu'avions la queue en tire-bouchon, braves bêtes » ! dont il aurait adopté le comportement, le langage et les mœurs, recevant de ce fait d'avantage d'égards de la part de Paulette que par le passé. D'autant que la ferme Pignard, avec son « homme-porc » est devenue une curiosité locale, dûment subventionnée par les ministères de la Culture et de l'Agriculture. Depuis le guichet qui lui sert de caisse, Paulette se complaît dans son nouveau rôle de conservatrice de musée et de chef d'entreprise (produits de la ferme et charcuterie-maison en vente à la boutique en sortant de la visite).

Quant à Mathurin, il filerait le parfait amour avec Joséphine de Beaugroin, sa truie favorite... Ils vécurent heureux pendant très longtemps et eurent beaucoup de jambons de pays.

A défaut de devenir chèvre...

32
La salope urbaine

Plus sophistiquée que sa champêtre consœur, la salope urbaine évolue en agglomération, ce qui lui permet d'adopter certains comportements rigoureusement interdits à sa consœur ci-devant présentée. Elle en est sans doute devenue plus méchante.

Intéressons-nous au douloureux cas d'Anne-Sophie, notre salope étalon, si l'on veut bien me passer le terme, d'autant qu'en connaissant son destin…

Secrétaire le jour, telle Miss Hyde, Anne-Sophie se déchaîne le soir, pour devenir une véritable furie, comme nous n'allons point tarder à le découvrir…

Afin de mieux faire connaissance avec notre citadine harpie, plongeons-nous, tel Freud, dans le tréfonds de sa petite enfance, laquelle devrait nous en apprendre long sur son comportement d'adulte. En effet, quand à l'âge de six ans la salope des champs monnayait l'exhibition de son postérieur dans la cour de l'école contre un Malabar, la salope des villes, déjà prise dans l'infernale spirale inflationniste telle que nous la subissons dans notre stress citadin, estimait que ses fesses ne valaient pas moins d'un ensemble pelle-râteau des plus utiles au bac à sable. (Celui-ci demeurera d'ailleurs le seul et unique bac que la donzelle sera capable d'obtenir, celle-ci n'ayant rien changé plus tard à ses bonnes habitudes pour échanger auprès d'astronomes en herbe la vue imprenable de sa lune dans la cour du lycée contre des parties de flipper au bar-tabac du coin. Quelque temps plus tard, Anne-Sophie échangera la même vision quotidienne contre un (grand) toit, de la nourriture fine et chère, de l'argent de poche (toujours plus) et autres gâteries assorties d'une docilité tout esclavagiste, avant que le monsieur ne fasse tilt). Retrouvons pour l'heure la douceur insouciante du bac à sable. Nous passerons à ce propos sur les commandos de mini-salopes en furie débarquant à douze pour démolir les jolis châteaux de sable élaborés et construits par de grands architectes en herbe de sexe masculin. Ainsi le petit Bouygues se vengera quelques années plus tard en construisant d'invincibles citadelles... Toutes ces choses étant bien trop tristes, quittons l'univers impitoyable du bac à sable pour revenir à notre contemporain univers d'asphalte et de béton.

Se fondant dans l'anonymat de la ville, notre héroïne laisse aller ses bas instincts exhibitionnistes, particulièrement quand elle traverse les quartiers à forte concentration immigrée : débardeur largement échancré ne laissant rien deviner de ses formes généreuses, assorti à la minijupe de rigueur. Et Anne-Sophie de prendre la poudre d'escampette au son de « Zobi, Zoba, tatitatitatitata, vise li fimêle ! » et autres « M'bwana y'a bon la femme blanche miam kouniama nawa na tebwana ! ». Puis la bougresse d'échapper à d'entiers escadrons vêtus de peaux de bêtes, d'os dans le nez, de cornes dans les cheveux et de ceintures de bananes pour les uns, de longues djellabas entravant leur course pour les autres. Alors Anne-Sophie s'offre son traditionnel et matinal plaisir, dans ce jogging quotidien, de passer devant le commissariat local, pour entendre quelques menus instants plus tard de violents coups de matraque s'abattre sur ses ex-poursuivants. Dans ces conditions, sûre de son charme, Anne-Sophie démarre sa journée sur les chapeaux de roues. Elle poursuit en insultant copieusement quelques mendiants dans les transports en commun, n'hésitant point à donner quelques savants coups de pieds dans les sébiles que lui tendent ces misérables aveugles en l'implorant : « Madame, aidez un pauvre », avant que ceux-ci détalent comme par miracle à travers les couloirs, en abandonnant leurs cannes blanches. Mieux qu'à Lourdes !

Depuis quelque temps, Anne-Sophie exerce son infernal courroux sur la personne de Bertrand Zatlentyck, né de bonne famille d'Europe de l'Est, ayant fui le communisme pour faire carrière dans la banque parisienne. Bertrand travaille dur et rentre le soir, fourbu, dans ce foyer qu'il partage avec sa bien aimée Anne-Sophie, dans le vil espoir, après sa journée de labeur, de goûter d'un dîner régénérateur et d'un repos du guerrier plaisant. Malheureusement, si Anne-Sophie consent à satisfaire le second point, force est de constater que, sur le premier, Bertrand reste quelque peu sur sa faim. Il est d'ailleurs à cet égard intéressant de constater combien, malgré l'excellence qu'on leur prête en cuisine, ces dames demeurent tragiquement absentes de tout palmarès gastronomique recensant les meilleurs cuisiniers du pays. Les plus grands sont effectivement, et presque exclusivement, des hommes. Bocuse ou beau cul, il faut choisir ! D'ailleurs, ne dit-on pas les frères Troisgros, et non sœurs Troisgrosses ?...

Perdant ses forces jour après jour, Bertrand devint de moins en moins performant et ce qui devait arriver arriva : la banque le licencia sans indemnités. L'ayant appris par téléphone, sans doute pour ne pas ajouter de peine à son compagnon, Anne-Sophie appela une société de déménagement et fit emmener l'ensemble du mobilier du domicile conjugal vers une adresse demeurée secrète. Quelle ne fut point la surprise de Bertrand quand il rentra, plus fourbu que jamais, de constater qu'il ne pourrait même plus s'affaler sur son lit, celui-ci ayant fait partie du déménagement, comme Anne-Sophie de laquelle il n'entendrait plus jamais parler dans la mesure où il se jeta le soir même du pont des Arts en compagnie d'une grosse pierre attachée à son pied gauche. Lui aussi souhaitait manifestement concourir au maintenant très couru championnat du monde d'apnée...

Pour se changer quelque peu les idées après cette terrible épreuve, Anne-Sophie se rend seule, le soir même au cinéma. Le navet projeté raconte l'histoire d'un marin-pêcheur que sa femme abandonne pendant l'une de ses campagnes, qui finit par se reconvertir dans la gérance d'un bar à bûcherons dans le Wisconsin (c'est un film américain, seuls ces sauvages peuvent inventer pareilles et abracadabrantes sottises) pour oublier les femmes et leur cruauté.

Le documentaire de première partie était consacré à la légion. Avec force trémolos, le présentateur, à la voix de speaker des actualités Gaumont des années 50, de se demander : « Combien d'engagés dans ce corps d'élite suite à des drames amoureux ? ». « Combien de marins, combien de capitaines ? » renvoyait le poulailler en écho, pendant qu'Anne-Sophie, cédant probablement à la fatigue, de s'autocritiquer : « Les chèvres sont certes moins cruelles que nous, mais elles sont certainement plus bavardes... Pauvre Bertrand, lui qui aimait le calme... »

Notez bien que ledit Zatlentyck Bertrand aurait pu se raccrocher à quelques solides et viriles amitiés. Malheureusement, Anne-Sophie, durant leurs jours de vie commune, était passée par là. C'était eux ou elle. Bertrand devait choisir. Et la pauvre femme de pleurnicher qu'elle en avait assez de voir son homme rentrer à quatre pattes, éméché au point de ne plus pouvoir prononcer le moindre mot, et bon à rien une fois couché. Bertrand fit son choix. Les femmes sont et demeurent d'éternels parasites de l'amitié masculine. Elles sèment la discorde dans les groupes, pour que ceux-ci explosent littéralement. Jalouses du plaisir des hommes et soucieuses d'avoir l'exclusivité (le bel alibi allant droit au cœur que voilà), ces pots de colle séparent les amis. Des Beatles à Bertrand. Ce type d'exactions non punies par la justice demeure une chose, hélas, des plus fréquentes.

Maladie des villes : Anne-Sophie se sent stressée. Elle pleure avec une fréquence et une constance qui force l'admiration, pour un oui ou pour un non. Principalement pour un non, d'ailleurs. Mais ces débordements lacrymaux ne sont pas si innocents qu'ils le paraissent. Etudions... Anne-Sophie est assise, dans une tenue qui pourrait aisément faire passer Brigitte Lahaie pour Marguerite Duras, et ce, à la terrasse d'un café. La rue est pleine de gens. Puis, se prenant la tête entre les mains, Anne-Sophie se met à sangloter. Son teint vire à l'écarlate et ses reniflements ameutent les aveugles qui auraient pu échapper à son cinéma.

Les plus militants à notre cause se délectent de voir pleurer les femmes. Certains faisant le nécessaire — en réalité pas grand-chose — pour provoquer cet état de fête. Les voir pleurnicher à chaudes larmes représente l'irréfutable constat de la victoire du bien sur le mal. Vive les femmes qui pleurent ! Sublimes, forcément sublimes pleureuses. Toutes au mur de Jérusalem... Revenons à notre brebis enlacrymogénéisée : irrémédiablement, un gentilhomme, le pauvre, ému d'une telle désespérance, s'approche de la fontaine enjuponnée pour la consoler. Celui-ci se laisse attendrir, trouvant un certain charme à cette pleurnicheuse, devenant de fait plus humaine puisque extériorisant ses émotions. Et l'individu d'oublier de facto tout ce que le sexe faible lui fit endurer. Anne-Sophie se laisse consoler, s'abandonne, se frotte contre Charles-Edouard Gentery, accentue au moyen de moult savantes contorsions l'échancrure de son débardeur, et accepte de partager l'existence de Charles-Edouard. Ses sanglots longs de l'automne sèchent aussi rapidement que se referme le piège...

Epilogue de cette triste histoire : nous retrouvons Charles-Edouard ruiné, la tête emmitouflée dans un sac en plastique, introduisant l'ensemble dans le four à gaz (pour être certain de ne point se rater), avant de s'en griller une dernière, à la plus grande satisfaction des quarante-sept autres occupants de l'immeuble.

Et de retrouver Anne-Sophie noyant son chagrin en pleurnichant sur la terrasse du même café ci-devant fréquenté...

Le plus grand plaisir de notre héroïne, activité typiquement féminine s'il en est, prétextant pour le bureau une forte et intempestive fièvre, est de s'octroyer des après-midi shopping. Et Anne-Sophie d'envoyer à l'asile psychiatrique les vendeuses de chaussures, après avoir essayé durant des heures tout ce que renfermait le magasin, pour repartir en clamant à ces femmes au bord de la crise de nerfs : « Je réfléchis ! » Ha ! Essayer des chaussures, avoir tous ces gens à ses pieds, quel pied pour Anne-Sophie !

L'univers cossu de son bureau, au 47e étage d'un building est également le lieu des pires sévices qu'une femme puisse infliger à des hommes.

Secrétaire de monsieur Raymond Golfière, chef-comptable, Anne-Sophie est régulièrement victime des assiduités de son patron, vieux, gras (gabarit Demis Roussos période 30 poulets par jour), poilu et chauve de surcroît : un sex-symbol en quelque sorte. La poursuite est permanente : de la photocopieuse en passant par la machine à café jusqu'à la porte des toilettes, Anne-Sophie ne peut plus respirer. Sans compter les réunions restreintes durant lesquelles, sous prétexte de lui dicter des lettres importantes, ou confidentielles, Raymond Golfière exige que sa secrétaire soit assise sur ses genoux, le décolleté encore plus profond. Alors, Raymond essaie, avec plus ou moins de malheur, d'inviter sa subordonnée à dîner aux chandelles le soir de sa convenance, proposition qu'Anne-Sophie réfute avec une belle santé dans la mesure où la salope trouve toujours la bonne excuse pour ne pas froisser Golfière, lequel, au train où vont les choses, n'est pas près de s'envoyer en l'air. Et la poursuite infernale de reprendre dès le lendemain matin... Pour se venger de sa secrétaire qui le rejette, Raymond Golfière décida soudain de la surcharger de travail, lui imposant des heures supplémentaires. Trop, c'en était désormais trop. Anne-Sophie craquait de jour en jour. Elle n'avait même plus le temps de se faire les ongles. Alors elle décida de se débarrasser définitivement de Golfière, dût-elle l'envoyer dans l'espace : c'était lui ou elle.

Un diabolique stratagème germa dans son esprit embrumé. Certes, elle pourrait faire jeter Golfière en prison pour harcèlement sexuel, à l'instar de nombre de ses congénères, mais ce châtiment serait trop doux pour l'immonde Raymond. C'est pourquoi, après s'être rendue dans un squatt des plus sordides pour s'entretenir avec Séku Taré, le chef d'un gang de dangereux dealers africains — ces spécialistes de la magie noire sont réputés pour transformer en un tour de grigri leurs ennemis en hippopotames. Raymond, dont le tour de taille n'a rien à envier à celui de ces sympathiques mammifères pachydermiques artiodactyles, en fera-t-il les frais ? — pour l'aviser de la prochaine visite d'un envoyé de la brigade des stupéfiants dans le noir dessein de confondre la tribu ; après cette visite donc, Anne-Sophie céda enfin aux avances de son patron, pour lui donner rendez-vous l'après-midi même en ledit squatt.

Arrivé sur les lieux, Raymond tomba nez à nez avec Séku Taré. S'ensuivit un dialogue digne des plus trépidants films noirs :

— Toi y'en a vouloir quoi, voir la blanche ? Sniff...

— Brave travailleur en situation irrégulière, vous devez lire dans mes pensées dans la mesure où cela correspond exactement au sens de ma visite en vos coquets locaux, où puis-je trouver la blanche, comme vous dites avec votre inimitable accent ?

— Ça dépend laquelle blanche. Kounia, sniff..., combien de grammes ?

— J'ignorais qu'ici le charme s'appréciait au poids. A vue de nez, je dirais dans les quarante kilos...

— (hurlant à la cantonade en remontant un bâton surmonté d'une tête de zébu) Kouniama Koukound'a nawa na te bwana ! Toi te foutwe de ma twonche ! Fissa niakoukanda !!! Sniff, sniff, sniff !!!

Laquelle cantonade sort instantanément de tous côtés pour encercler Raymond, lequel se retrouve manu militari attaché à un totem, pendant que le sorcier de la bande affûte ses grands couteaux et que le cuistot local fait chauffer sa grande marmite, dont le bouillon commence à regarder Raymond de ses yeux accueillants...

Pendant ce temps, la machiavélique Anne-Sophie reste tranquillement assise derrière son bureau, attendant son patron lequel, pour cause de rendez-vous à l'extérieur, comme elle répond avec cynisme à ceux qui le demandent, n'est plus là pour lui casser les pieds et le reste. D'ailleurs, Raymond ne reviendra jamais dans ce bureau. Cependant, Séku Taré, pour remercier son informatrice, il enverra à l'adresse d'Anne-Sophie un colis contenant le pied gauche de ce qui fut son patron, membre confit dans un coulis typiquement africain très épicé. Ainsi, Anne-Sophie tint-elle sa promesse en prenant son pied. Et Raymond, malgré lui, eut l'occasion de remettre un pied dans son bureau... Comme l'écrit avec à propos « le Parisien Libéré » (2 août 90) « Même chez les dépravés, quand on cherche la femme, on trouve le meurtrier. »

Le cas d'Anne-Sophie illustre à merveille la façon dont les plus mongoliens d'entre nous finissent inexorablement par tomber dans les pièges les plus grossiers que leur tendent ces ravissantes et apparemment civilisées salopes. Cette horripilante tolérance teintée de bienveillance que ces crétins, déploient à l'égard de celles qui les battront doit nous faire réagir. Ces béotiens nous imposent leur nullité. Plus difficile sera le monstre à terrasser... Et le troupeau hagard de courir en meuglant tout en remuant la queue vers l'abattoir. Assez !!! Mais que ces hyènes putrides ne s'imaginent pas gagner le combat impunément. Tel David terrassant Goliath, nous avons quelques ressources cachées, pour vous prouver le contraire. Alors, à l'image d'Anne-Sophie, profitez-en pendant qu'il en est encore temps. Quand la pine s'éveillera, comme disait Alain Peyrefitte (ou Roger, je ne sais plus)...

En attendant ce jour béni, la saloperie, comme le crime, ne paye pas et Anne-Sophie croupit désormais, non pas dans une froide et humide geôle, bien qu'elle eut pu mériter ce traitement, mais dans un décor à son image ; celui d'une mare de boue froide et humide, glissée dans la peau d'une grosse femelle hippopotame.

Séku Taré, fidèle à sa réputation de chef cruel mais juste et habilement conseillé par le sage G'docteur N'Ganawa Lahtetdan Lsani Broilleu' Safègloup (« argent, amour, succès. Si ta femme elle est parti, elle reviens. Guéri lé maladis, envoutemans, chanse au jeut, désenvoutemans, réparation petis électroménager... ») fut subitement pris de remords en lisant dans le journal : « Mystérieuse disparition d'un chef comptable à la réputation inébranlable, père de cinq enfants... » Texte placé au-dessus d'une photo de ce qui constitua le repas de l'avant-veille. Conscient d'avoir été berné, fait aggravant : par une gazelle, Séku Taré jeta un sort à l'endroit d'Anne-Sophie qui, à ce moment précis, se trouvait justement à l'envers en compagnie d'Henry-Pascal, sa dernière conquête qui dut être bigrement surpris quand il s'aperçut que la tendre créature qu'il possédait, nue entre ses mains, s'était brusquement métamorphosée dans un nuage de fumée rose en grasse et nauséabonde femelle hippo, que tout le monde, une fois rhabillé, trouva plus commode de placer dans un zoo sale et mal tenu. De cette façon, comme par enchantement, le corps se retrouve-t-il en plein accord avec l'esprit malsain. Voici où réside le destin de nos congénères...

Pauvres mâles hippos !

Bibliographie

Ouvrages historiques

Charles et Yvonne de Gaulle : « Se rouler des pelles le 18 juin », Lang Ed.
Elena Ceausescu : « Pâques au balcon, Noël en prison », Bibliothèque Securitate.
Nicolae Ceausescu : « Pâques aux primevères, nouvel an au cimetière », Securitate Ed.
Henri, Comte de Paris « Le Comte est bon », Guillotin éd.
Comte Dracula : « Je te suce le cou », Coll. Erotisme des Carpates.
Linda de Suza « Yé te souce le c... » (censuré), Coll. Erotisme à quatre pattes.
Alphonse Daudet et Kurt Waldheim : « Au four et au moulin », Ed. Calmann-Cohen.
Klaus Barbie : « Je suis le Barbie de Séville » et « Guide des boucheries lyonnaises », Ed. Sansoz.
Karl Marx : « Chico, Groucho, Harpo et moi », Ed. Messidor.
Adolf Hitler : « Hiroshima mon amour », EDF éd.
Simon Goebbels : « Ma médecine naturelle », GDF éd.

Ouvrages politiques

Antoine Waechter : « Ma moumoute en gazon », Ed. Verte Prairie.

Michel Noir : « Et pourtant moi y'en a être blanc », Ed. Fleuve Noir.

Régine : « Appelez-moi par mon prénom », Ed. Robert Laffont.

Jean-Marie le Pen : « Nach'dinemouk zob la mouquère, zboubirafel 'Allah », coédition Ben le Seuil/Aéro biques éd.

Jacques Chirac : « Trois minutes, douche comprite », Ed. E. Précausse.

Georges Marchais : « Ich bin ein riesiger Funken Entsteehen Achtung Minen Shnaps Aus dem Rankristal Ihr Herr zugleich, ach so ? », Mémoires, GDF éd.

Philosophie d'hier et d'aujourd'hui

Frédéric Mitterrand : « Lui tonton, moi tata », Ed. Prout.

François Mitterrand : « J'y suis, j'y reste », Ed. le Promeneur.

Danielle Mitterrand : « Rajeunir avec l'aérobic », Yop là boum éd.

Roger Hanin : « Purée, c'est grand ! », Ed. Moulinex.

Jack Lang : « Splendeur et misère des courtisanes », Ed. Prout.

Henri Krasucki : « Gnagnagnagnagnagnagnagnagnagna... », Ed. Les Belles Lettres.

Chantal Nobel : « Leviers de vitesse, myopie et chirurgie esthétique : étude critique », Thèse soutenue en Sorbonne, 1988.

Sacha Distel : « Apprendre à piloter sans les mains », Ed. du Platane.

Stéphanie de Monaco : « Conduire avec les pieds », Ed. du Ravin.

Caroline de Monaco : « Anthologie du sport mécanique », Ed. Filipacchi.
Albert de Monaco : « Jouer aux boules, c'est rigolo et pas dangereux », Ed. Prout.
Jérôme Duhamel : « Grand Inventaire du génie français », Albin Michel éd.
Frédéric Beigbeder : « Mémoires d'un jeune homme dérangé », Ed. La Table ronde.
Bruno Masure : « Dictionnaire analphabétique », Olivier Orban.
Oscar Wilde « Les Pensées », Le Cherche-Midi éditeur.
Charles Baudelaire : « Les Fleurs du mal » et « Spleen de Paris », Domaine public éd.

Ouvrages scientifiques

Nicolas le Jardinier : « Astiquer le poireau » et « dégorger le poireau », Ed. le Pré aux pervers.
Raoul et Dominique Turenge : « Palmes académiques », Ed. aqueuses Grégory.
Jacob Delafon : « Plein les lunettes », Ed. Scatorama, « Don Quichiotte », « Chiotta La Turque » et « Qui va à la chiasse perd sa place », Ed. Prout.
Cloclo et Marat : « La Propreté, c'est pas la santé », Ed. aquatiques Grégory.
Professeur Léon Schwartzenberg : « Madonna : une vie à feu et à sang » Biographie, Durex éd.
Professeur Montagné : « D'accord à sang pour sang », Ed. Jus de boudin.
Professeur Choron : « Pipi-caca, vomi, sperme et dérivés du sang », La Vie scatologique éd.
Professeur Jean Bernard : « Bon sang, mais c'est bien sûr ! », Sida éd.
Docteur Petiot : « Réussir le rôti casher », Ed. GDF.
Vanessa Paradis : « Jo le taxi » Préface de José Bénazéraff, Ed. Hachette Jeunesse.
Sylvester Stalonne : « Meuh ! Groumpf ! Grouik », Bibliothèque rose.

Rika Zaraï : « Mal à la tête, c'est le derrière dans l'eau froide » et « Mal au derrière : la tête dans l'eau chaude », Ed. océanes Grégory.

Brigitte Lahaie et Olivier de Kersauson : « Viens, je mouille », Ed. fluviales Grégory.

Général Noriega : « Au lieu dé regarder la paille qui est dans mon nez, tou ferais mieux de voir la poutre dans l'œil dé Dern-Hallier », Ed. Sniff.

Abbé Pierre : « Enfin riche et célèbre ! », Ed. le Râtelier qui racle la moquette et « Mal à l'Emmaüs », Ed. du Sphincter.

Esotérie d'aujourd'hui, d'hier et de demain

Lucien Jeunesse : « A deux mains, si vous le voulez bien », Collec. Onanisme.

Michel Droit : « La Décharge victorieuse » préface Brigitte Lahaie, Vieukon éd.

Demis Roussos : « La Cuisine des dieux », Michel Laffon éd.

Yves Montand : « Le Headfucking en 14 leçons », Ed. Grosses Têtes.

Roger Knobelpiess : « L'eau neuve de mes cellules », Coédition Fleury-Mérogis.

Mireille Mathieu : « Oui, je crois » Ed. Carrère-Laffon.

Séverine Jouve : « Les Décadents », Plon.

Yannick Noah : « Mowd'e la poussièwe », Ed. Tornado.

Jean-Bedel Bokassa : « Les Bonnes Wecettes de papa Bok » prix Doigts de l'homme 1979, Ed. de la Table immonde.

Justin Bridou : « La Peste porcine vaincue grace au bâton de berger », Nafnaf éd.

Jacques Séguéla : « Mitterrand ne serait rien sans moi », Ed. Y'a-t-il un pianiste dans ce bordel ?

Mère Denis : « Dialectique spiroïdale paranoïaque-critique du tambour de machine à laver à la faveur des divagations Nietzschéennes », Ed. Omo Micro.

Maruschka Detmers : « Doit-on parler la bouche pleine quand on n'a rien à dire ? », Ed. de la Pipe d'or.
Hervé Desinge : « L'Echo de ma banane », Ed. Gourdinel.
Philippe Léotard : « 12°5 le matin », Gévéor éd.
Richard Borhinger : « C'est beau une bouteille la nuit », Ed. Préfontaine.
Georges Pompidou : « Pourquoi je serai candidat en 1995 », Ed. Frankenstein.
Landru : « Ode pour la femme au foyer », Dufour éd.
Coluche : « Les Routiers sont sympas », Ed. Borgniol.
Thierry Le Luron : « Mort de rire », Ed. Borgniol.
Pierre Desproges : « Vivons heureux en attendant la mort », Le Seuil, Borgniol éd.
Cloclo : « Si j'avais un vibro », Ma sœur éd.
Isabelle Aithnard : « Pouffiasses, radasses et blondasses », Ed. Perfect.
Arielle Saracco : « Les salopes » et « Les femmes », 7 à Paris.

Livres pour enfants

Brigitte Lahaie : « A la queue comme tout le monde ! », Groupement des presses analphabétiques de France. (GROPAF éd.).
Chantal Goya : « Mes folles nuits avec Riri, Fifi et Loulou », Ed. Quelques questions théoriques et terriblement essentielles (abrégé : les éditions Quequette).
Dorothée : « Le Zizi à Nounours », Zolis Ouvrazes de bibliothèque (ZOB) éd.
Clown Tatave : « Hollalalalalalalalala !!! » Tome I et Tome II, Pierre Delfond éd (PD éd).
Johnny Halliday : « Ha que y'en a une qui m'aime ? », Coll. Ballets bleus.
Gabriel Matzneff : « Laissez venir à moi les petits enfants », Ed. Balais roses.
Ysabelle Lacamp : « Fleur de Prunus au pays des gros

poireaux » Préface de Nicolas le jardinier, Albin Michel éd.

Sophie Marceau « Faire et défaire les nœuds », Ed. aquaphiles Grégory.

Marguerite Duras et Christine Vuillemin : « L'Etang en emporte le vent », Ed. de Minuit.

Yves Montand : « Headfucking et jeunes tissus », Ed. Grosses Têtes de nœuds.

Références internationales

Georges Bush : « Le T-Bone steack sans difficulté », Marabout éd.

Saddam Hussein : « Tagine ou couscous : savoir triti li invitis », D'Fissel éd. « Le Golfe en basket », Les Guides bleus Hachette.

Mikhaël Gorbatchev : « Pravda Vodka, Klochychpopov da ! », Kalachnikov Ferlag Moilnoeud.

Margaret Tatcher : « Le Pudding en 8 leçons », SOB Publishing.

Lech Walessa : « A table ! », Gdwakzuwlegszwk éd.

Ayatollah Khomeiny : « Principes religieux, sociaux et philosophiques », Ed. Libres Hallier.

Christopher Cerf et Victor Navasky : « Paroles d'experts », Acropole éd.

Volcanologie & trisomisme

Haroun Tazieff : « C'est beau un trou qui fume » Préface Brigitte Lahaie, Librairie académie Perrin.

Jacques-Yves Cousteau : « Moules, morues, maquereaux et relents de crevette », Ed. du Rocher.

Bernard Tapie : « Coman réussir dent la vit quan on est foudeboleure », Ed. Vignettes Panini.

Harlem Désir : « Nique ta mère », Ed. Gallimard, Préface de Jack Lang.

Chimone Chignoret : « Meuh ! », Ed. le Pré aux vaches.
Jacques Martin : « L'école des fans et 49 autres recettes pour bander comme un cerf après la cinquantaine » Les éditions Raides-Dugland.
Jacques Vergès : « Hitler était innocent ! », Ed. Gabuzomeuh.
Robert Faurisson : « Hitler n'a jamais existé », Ed. Dufour.
Michèle Barzac : « Chirac n'a jamais existé », Coédition Barzac-Afoutre.
Monseigneur Lefèbvre : « Le Pape n'a jamais existé », Ed. GDF.
Charles Pasqua : « Un Rocard, sinon moi ! », Les Nouvelles Editions comiques.
Serges Gainsbourg : « Pas dégueu, bordel de merde et faites pas chier ! », Ed. Gallimard.
Valéry Giscard D'Estaing : « Bonsoir Badabe, smok ! » et « L'Accordéon sans peine » Préface Yvette Horner, Crados Ed.
Catherine Deneuve : « Qui veut la bite de Roger Rapaud ? », Editions N° 69.
Maître Capello : « Du bon aloi jusqu'au trou du nourrin », Goret Ed.
Bernard-Henry Lévy : « Les Derniers Jours de Florent Pagny », Ed. Grasset.
Jean-Edern Hallier : « Conversations au clair de lune avec Fidel Castré », Gay Pied Ed.
Les Nuls : « Africa song contre le camion, mon amour », Albin Michel/Ed. de Minuit.

Spécial merci à toute la presse féminine : Biba, Elle, Cosmopolitain, Femmes, Glamour, Jeune et Jolie, Jours de France, Madame Figaro, Marie-Claire, Marie-France, Maxi, Modes et travaux, OK magazine, Podium, 20 ans, Vital, Vogue...

Table des matières

La composition de ce livre
a été effectuée par Bussière à Saint-Amand,
l'impression et le brochage ont été effectués
sur presse CAMERON
dans les ateliers de la S.E.P.C. à Saint-Amand-Montrond (Cher)
pour les Éditions Albin Michel

Tous droits réservés. La loi du 11 mars 1957 interdit les copies ou reproductions destinées à une utilisation collective. Toute représentation ou reproduction intégrale ou partielle faite par quelque procédé que ce soit — photographie, photocopie, microfilm, bande magnétique, disque ou autre — sans le consentement de l'auteur et de l'éditeur est illicite et constitue une contrefaçon sanctionnée par les articles 425 et suivants du Code pénal.

Achevé d'imprimé en avril 1991.
N° d'édition : 10089/N° d'impression : 910-778.
Dépôt légal : avril 1991.

© SEFAM 1991
22, rue Huyghens 75014 Paris
ISBN 2-226-05286-0